Heike Fischer

Positives Denken & Selbstliebe lernen –

lebe leicht, frei und wunderbar!

Heike Fischer

Positives Denken & Selbstliebe lernen
–
lebe leicht, frei und wunderbar!

Wie du dein Selbstwertgefühl stärkst und Freundschaft schließt mit deinem Inneren Kind: für ein glücklicheres Leben!

Heike Fischer
Nieland 41, 48157 Münster
www.heikefischer.org
info@heikefischer.org

Fotographie: Berenike Gais / www.selbstbild-fotografik.de
Illustration/Umschlaggestaltung: Astrid Bowinkelmann
Lektorat: Birgit Spohr und Heike Heijnk

Da ich aus meiner Sicht geschrieben habe, habe ich in den meisten Fällen die weibliche Form verwendet. Gemeint sind natürlich alle, Männer und Frauen.

Wenn du das Buch gelesen hast und du möchtest dich von mir unterstützen lassen, kannst du dir mit diesem QR-Code ein kostenloses Erstgespräch buchen.

Ich freue mich, dich kennenzulernen!

Worum es in diesem Buch geht:

Dieses Buch hilft dir dabei, aus der Unzufriedenheit herauszukommen, um in die Kraft zu kommen, damit du mehr Liebe, Glück, Frieden und Dankbarkeit in deinem Leben erfährst.
Ich habe dir meine positiven Ansätze und Übungen aufgeschrieben, damit du immer mehr und mehr lernst, dich so anzunehmen wie du bist. Mit deinen Stärken und auch deinen Schwächen.
Zu einigen Übungen kannst du dir auf Youtube ein Video herunterladen. Das macht die Übung für dich anschaulich.
Welche Übungen habe ich gebraucht, um aus meiner Trauer, meiner Wut, meiner Verzweiflung herauszukommen, um mehr Freude, Selbstbewusstsein, Liebe, Leichtigkeit, Wohlstand und Freiheit in mein Leben zu bringen? Lies selbst.

Auf meinem Weg zu mir habe ich meine inneren Stimmen, wie zum Beispiel die Kritikerin, den Antreiber, die Perfektionistin, das Innere Kind und viele mehr, lebendig werden lassen. Dabei habe ich meine inneren Dialoge beschrieben und aufgeschrieben. Während des Schreibens taten sich neue Prozesse auf, die ebenfalls eine Chance auf Heilung boten.

Indem ich die Stimmen in meiner Vorstellung
unter anderem in einen Bus einlade,
möchte ich dir diese inneren Stimmen,
die in uns allen sind, humorvoll näher bringen.

Mit gezielten Übungen gehen wir gemeinsam durch den Dschungel der Gefühlswelt. Ich nehme dich an die Hand.
Habe ich dich neugierig gemacht? Prima, das ist genau mein Ziel!

Wenn es mein Leben verändert hat, kann es auch deins verändern.
Denn: Es gibt nur einen Menschen in **deinem** Leben, der **dein** Leben verändern kann: **Du**!
Was brauchst du, um dein Leben zu verändern?

Du brauchst die **Bereitschaft!**

Erfülle dir deinen Herzenswunsch: Mach dich glücklich!

Bist du **bereit,** dich zu verändern?
Wunderbar, dann nehme ich dich mit auf eine Reise zu dir selbst.

Inhaltsverzeichnis

Mein Team in diesem Buch:

Meine Kritikerin: „Heike will sich mitteilen.
Na, was da wohl wieder kommt ..."

Mein Antreiber: „Los, komm schon, beeilen wir uns!"

Mein Inneres Kind: „Ich will auch mit! Wartet auf mich!"

Meine Perfektionistin: „Da will ich mal sehr gut zuhören!"

und natürlich: ich

Vorwort

Ich möchte dich mit diesem Buch ermutigen, deinen eigenen Gefühls-Weg zu gehen, auch wenn es mal holprig wird. Deinen Gefühls-Weg kannst nur **du** gehen. Am Ende des Lebens, wenn du vor Gott stehst und dieser fragt: „Liebes Menschenkind, hast du gelebt? Hast du dein Leben genossen? Hast du all das mitgenommen, was ich dir mit meiner Hand gereicht habe?", kannst du entweder sagen: „Ja, ich habe mein Leben aus vollem Herzen genossen und viel Freude und Liebe erfahren." Oder du kannst sagen: „Ach weißt du, Gott, mein Leben bestand nur aus Arbeit. Ich hatte gar keine Zeit, Freude zu empfinden oder aus ganzem Herzen zu lachen. Denn mir war gar nicht zum Lachen zumute. Meinen Ärger, meine Sorgen, meine Angst und Traurigkeit musste ich auch immer runterschlucken, damit ich dann auch 150-prozentig arbeiten konnte."

Dieses Buch erzählt von mir und wie gut ich funktionierte in einem Leben ohne Gefühle wie Angst, Trauer, Schuld oder Wut. Funktionierte in dem Sinne, dass ich zu 87 Prozent aus „Ich muss arbeiten und Geld verdienen" bestand. Meine übrige Zeit verteilte sich auf meine Tochter mit fünf Prozent, meinen Freund mit fünf Prozent, meine Freundinnen mit zwei Prozent. Für mich blieb ein sattes Prozent, das ich mit Haushalt, Einkaufen und Sauna füllte. Für Gefühle hatte ich keine Zeit! Und weil ich keine Zeit für mich und meine Gefühle hatte, zeigten sich Symptome in meinem Körper. Meine Muskulatur war hart. Meine Beweglichkeit im Nacken war eingeschränkt. Mein Rücken schmerzte ohne Ende. Blockaden an der Wirbelsäule begleiteten mich. Meine Schilddrüse schlug Alarm – Unterfunktion. Mein Verdauungstrakt war „out of order". Da tat sich so gut wie nix. Ich war verstopft! Verstopft mit nicht gefühlten Gefühlen.

Meine Schwester ist Heilpraktikerin, und im Juni 2013 lag ich in ihrer Praxis auf der Massageliege. Sie folgte ihrer Intuition und führte mich mit einer Fantasiereise in einen Wald zu einem Haus.

In meiner Vorstellung schloss ich die Haustür auf und traf auf Menschen, die umher hopsten und -sprangen und mich freudig begrüßten. Bevor ich mich um die Menschen kümmern konnte, musste ich jedoch in den Keller gehen. Auf einer Liege lag ich als fünfjähriges Mädchen und wimmerte vor mich hin: „Ich werde versagen! Ich werde scheitern!" Ich ging näher zu diesem Kind, öffnete mein Herz ganz weit und umschloss es mit all meiner Liebe ... und es passierte Unglaubliches! Der ängstliche Kind-Teil löste sich auf! Von der Kopf-Angst zack! ins Herz, in die Liebe. Einfach so! Schwups! Leichtigkeit durchströmte mich. Wow!
Danach ging ich ins Wohnzimmer. Die Menschen saßen mittlerweile auf der Erde. Ich setzte mich in einen Lesesessel und nahm das Buch, das dort lag. „Mein Leben", stand auf dem blauen Buch mit goldener Schrift. Ich schlug es auf, und ganz tief aus meinem Bauch kam ein Gefühl, das bisher ohne Worte geblieben war. Ich hörte mich zu meiner Schwester sagen: „Ich soll meine Erfahrungen aufschreiben." Ich habe mich so erschreckt!
Dabei lag dieses Buch seit Jahren in einer Schublade und war schon zur Hälfte fertig. Die Angst zu scheitern war zu groß.
Wie du siehst, habe ich meine Komfortzone verlassen und folge meiner Intuition, meinem Herzenswunsch, ein Buch zu schreiben. Deshalb war es wichtig, den Teil, der so viel Angst vor dem Versagen hatte, liebevoll zu mir zu nehmen.

Liebevoll fing ich auch an, Kontakt zu meinem Ärger, meiner Angst, meiner Traurigkeit und anderen nicht gefühlten Gefühlen aufzunehmen. Langsam, ganz langsam, Schritt für Schritt. Meine Erfahrung hat gezeigt: Je mehr ich mich diesen Gefühlen stellte, sie fühlte, desto mehr Freude, Selbstbewusstsein, Selbstliebe, Leichtigkeit, Wohlstand und Fülle kam in mein Leben.

Es war, als würden die nicht gefühlten Gefühle aufpoppen, um gesehen zu werden, damit sie sich dann verabschieden konnten.

Ich habe gelernt, dass ein Gefühl da sein darf, dass es mich nicht umhaut, dass es gesehen und dann gefühlt werden möchte.

Ich habe gelernt, meine Gefühle zu beobachten, meinen Atem dabei lang und tief werden zu lassen. Mir die Erlaubnis zu geben: Mein Gefühl, das gerade da ist, darf da sein.

Lies dieses Buch mit Offenheit für etwas Neues. Stell dir vor, dein Gehirn ist ein Werkzeugkoffer, der neu bestückt wird. Du machst ihn auf und legst alle Werkzeuge hinein, die du brauchst, um glücklich zu sein.
Und dann lebe dieses Buch! Nimm dir Zeit für dich, Zeit, damit du dich verändern kannst. Schiebe kein Fensterputzen, den Partner oder die Partnerin, die Kinder, die Eltern, die Wäsche, die Arbeit oder Sonstiges vor. Trage dir Zeiten in deinen Kalender ein.

Deine Zeiten!

Ziehe dich für die Übungen zurück. Teile deiner Familie mit, dass du sie liebst und dir eine Auszeit gönnst, damit du auch weiterhin für sie da sein kannst. Hänge ein Schild mit den Worten „Meine Zeit" vor deinen Rückzugsort.

Bevor du nun ins Lesen einsteigst, habe ich zwei Fragen an dich:

Warum hast du dir dieses Buch gekauft?
Welches Ziel verfolgst du beim Lesen dieses Buches?

Auf der nächsten Seite hast du Gelegenheit, dein Ziel aufzuschreiben.
Lasse dieses Buch zu deinem Wegbegleiter auf deinem Weg werden.

Mein Ziel:

Ich finde, heute ist ein guter Zeitpunkt, um mit der Verwirklichung deines Ziels anzufangen.
Warum du das tun sollest? Damit du dich in dir wohl fühlst. Ein Ankommen bei dir selbst. Vom Kopf zack! ins Herz. Gib dir die Erlaubnis, glücklich zu sein.
Auf geht's!

Ich wünsche dir viel Spaß beim Stöbern, Lesen und Umsetzen.

Einleitung

Meine Stimmen in meinem Kopf haben Namen. Da gibt es um Beispiel meine Kritikerin, meinen Antreiber, meine Perfektionistin (mein langjähriges Dream-Team) sowie meine Inneren Kinder, zum Beispiel die Neugierige, die Verspielte, die Ängstliche, die Mutige, die Trotzige. Dann gibt es noch meinen Beschützer und meinen Kontrolleur, meine gute Mutter, meine schlechte Mutter, meine Intuition, meine Erschöpfung, meine Liebe, meine Faulenzerin – und viele andere Stimmen.
In meiner Vorstellung lade ich meine Stimmen in einen Bus ein. Vor Jahren saß mein Dream-Team am Steuer und ich in der letzten Reihe. Das war die Zeit, in der ich funktionierte und kaum etwas gefühlt habe.

Eine Geschichte aus meinem Leben:
Kennst du den Moment?
Der Wecker klingelt. Sechs Uhr. Der erste Gedanke: „Oh nein, viel zu früh!" Du drehst dich noch mal um ... und noch mal ...

Stimme Nr. 1: *„Ach, es ist jedes Mal das Gleiche! Los! Du musst raus! Es ist schon fünf nach sechs!"*
Stimme Nr. 2: *„Lass mich in Ruhe, ich will schlafen!"*
Stimme Nr. 1: *„Raus aus den Federn! Sonst wird der Tag nur stressig werden!"*

Nein, es ist nicht meine Mama, die versucht, mich zu wecken. Es ist Stimme Nr. 1, der Antreiber, der mich aus dem Bett scheucht. Die 2. Stimme, die Erschöpfte, will nur schlafen. Doch der Antreiber versteht sich gut auf seinem Gebiet. Er ist ja auch schon mindestens fünfzig Jahre bei mir. Und er gewinnt! Ich stehe auf, gehe ins Bad, schaue in den Spiegel.

Meine Kritikerin ist hellwach: *„Diese Haare! Egal ob sie länger oder kürzer sind: Sie stehen immer zu Berge! Boah, und Wassereinlagerungen hattest du auch heute Nacht! Die Augen sind total geschwol-*

len! Obwohl du doch Faltencreme nimmst ... Wird auch immer mehr! Und schau mal hier ... "

Ich: „ Ach, ich geh' erst mal in die Küche und trinke ein Glas Wasser."

Kritikerin: *„Und denk ja an die homöopathischen Tropfen! Die vergisst du auch andauernd."*

Antreiber: *„Ach, Heike, das ist doch nicht so schwer. Los, mach hinne! Wasser kochen. Medikamente ins Glas, Wasser drauf, schlucken!"*

Erschöpfte: *„Das ist mir jetzt alles viel zu viel. Ich will wieder ins Bett."*

Antreiber: *„Nix da! Jetzt ziehst du gleich deine Jogging-Sachen an und dann geht's los."*

Kritikerin: *„Ja, genau. Du willst doch abnehmen! Von nix kommt nix. Schau dir mal deinen Bauch an. Also los! Da hat der Kollege Antreiber schon recht ..."*

Erschöpfte: *„Ich will doch nur meine Ruhe haben ... "*
Antreiber: *„Ach, die Erschöpfte! Die lassen wir jetzt mal außen vor."*

Erschöpfte: *„Heike, kannst du mich denn nicht hören?"*

Nein, Heike kann die Erschöpfung nicht wahrnehmen. Sie zieht ihre Jogging-Sachen an und läuft los. Nach dem Joggen ist sie stolz auf sich: „Juhu, ich war ganz früh morgens joggen!"

Antreiber: *„Na, siehst du, ich will doch nur das Beste für dich. Jetzt machst du noch ein paar gymnastische Übungen für Bauch, Beine, Po, und dann schauen wir mal weiter."*

Erschöpfte: *„Wie wäre es denn mit Autogenem Training oder Progressiver Muskelentspannung? Vielleicht meditieren?"*

Antreiber: „Ach ja, das muss sie ja auch noch machen. War ja so vorgeschrieben in der Ausbildung. Wann plane ich das denn ein? Also gut: Bauch, Beine, Po, dann duschen. Frühstücken. Ach nee, frühstücken schaffen wir nicht mehr. Das wird später gemacht. Nach dem Duschen Autogenes Training, dann ab zur Arbeit, dann ..."

Perfektionistin: „Und bitte alles 120-prozentig! Darunter läuft ja wohl gar nichts. Wenn du schon nicht die Zeit hast, dann mach es schnell, aber gründlich!"

Du kannst dir sicher vorstellen, wie der Tag von Heike F. aus MS. verläuft.

22:30 Uhr.

Antreiber: *„Ja, das war doch mal ein guter Tag! Voll geplant, durchstrukturiert."*

Kritikerin: *„Das war ja wohl nix! Du hast gar nicht alles geschafft! Du wolltest noch die Fenster putzen. Ach, du bist so langsam! Der Tag hatte doch schon 15 ½ Stunden. Reicht das denn nicht? Ja, und 120 Prozent, das hat ja auch nicht geklappt. Das muss besser werden!"*

Perfektionistin: *„Ich hab' mein Bestes gegeben. Ihr müsst mir mehr Raum lassen, damit ich bei Heike noch mehr bewirken kann."*

Antreiber: *„Mal sehen, wie ich das noch einbauen kann. Ach, ich finde, wir sind ein tolles Team. Schlaft gut."*

Kritikerin: *„Ja, ja, jetzt haste keine Lust mehr zu reden!"*

Perfektionistin: *„Jetzt schlafen wir erst mal perfekt ein und auch durch, damit die Heike morgen wieder volle Leistung bringen kann."*

Erschöpfte: *„Ich bin viel zu erschöpft, um einzuschlafen."*

Kennst du den Moment?
Der Wecker klingelt. Sechs Uhr. Der erste Gedanke: „Oh nein, viel zu früh!" Du drehst dich noch mal um ... und noch mal ... Antreiber: *„Ach, es ist jedes Mal ..."*

Stimmen in meinem Kopf. 60.000 Gedanken täglich. Kannst du mir sagen, was du heute Morgen um 10:03 Uhr gedacht hast? Und welche Stimme in dir gesprochen haben?

Es hat lange gedauert, bis ich verstand, dass ich, Heike, die Chefin bin und den Bus fahre und dass ich diese Stimmen liebevoll annehmen darf. Und je mehr ich mich mit diesen Stimmen in mir auseinandersetzte, desto mehr Vertrauen machte sich in mir breit. Ich verlor die Angst vor meinen eigenen Gefühlen. Ich lernte mich kennen und lieben. Je mehr Anteile (Stimmen) ich zu mir nahm, desto schöner und witziger wurde mein Leben. Manchmal sind meine Bilder im Kopf besser als jeder Film im Fernsehen.

Ich stelle mir vor, dass ich in meinen Bus einsteigen und mich mitteilen möchte.
Ich habe erst einen Fuß in den Bus gesetzt, da höre ich schon eine vertraute Stimme.

Kritikerin: *„Na, was ist denn jetzt schon wieder los?"*

Ich betrete den Bus.

Ich: „Hallo, alle zusammen. Schön, dass ihr so zahlreich erschienen seid."

Sie schauen mich alle erwartungsvoll an.

Ich: „Ich möchte mich mitteilen.“

Meine Kritikerin rollt schon mit den Augen.

Ich: „Ich werde ein Buch schreiben. Ein Buch über meine Erfahrungen. Mit diesem Buch möchte ich den Menschen die Angst vor dem Fühlen nehmen. Ihnen zeigen, wie man vom Verstand in die Selbstliebe kommt.“
Manchmal erwarte ich dann ja Stille. In meinem Bus jedoch ist die Hölle los! Alles redet durcheinander. Wimmern ist zu hören. Einer brüllt. Getuschel.

Meine Kritikerin übernimmt als Erste das Wort: *„Heike, hast du dir das auch genau überlegt? Du bist manchmal zu schnell mit deinen Entscheidungen! Wer will das denn lesen? Geht das denn gut? Die zerreißen dich doch in der Luft!“*

Antreiber: *„Was für eine tolle Idee! Lass uns sofort loslegen!! Schau gleich nach, was wir brauchen, um ein Buch zu schreiben. Du kannst auch Martin kontaktieren, der hat doch schon Bücher geschrieben. Setz dich gleich hin und fang an zu schreiben!“*

Perfektionistin: *„Das wird toll! Ich steh' ganz oben auf deiner Liste! Ich mach' das für dich. Das schaff' ich doch mit links. Sogar 120-prozentig!“*

Inneres Kind: *„Ich hab' Angst! Ich werde versagen!“*

Erschöpfte: *„Ach, lass mal. Ich bin so müde!“*

Neugierige: *„Wie spannend! Was uns da wohl erwartet?“*

Kritikerin: *„Was soll uns da schon erwarten? Ein Flop wird das werden.“*

Und wenn ich diese Gespräche, die ja in mir stattfinden, so weiterlaufen lassen würde, ginge das den lieben langen Tag so.

Ich: „Leute, Leute, ich wollte mich mitteilen. Wisst Ihr noch? Mitteilen heißt, einer erzählt, und die anderen hören zu."

Kritikerin: *„Ich teile mich ständig mit, und du hörst mir keineswegs zu."*

Ich: „I C H habe jetzt das Wort. Denn ich sitze am Lenkrad und steuere den Bus. Ist das klar?"

Einvernehmliches Nicken ist zu sehen.

Ich: „Ich danke euch allen für eure Kommentare. Ich weiß es zu schätzen, dass ihr euch Sorgen um mich macht. Ich weiß, ihr wollt nur das Beste für mich. Dafür danke ich euch. Dieses Buch wird ein Buch mit eurer Hilfe." Aufatmen ist im Bus wahrzunehmen. „Und erinnert euch daran: Ich fahre und lenke diesen Bus. Ich bin der Chef."

Kritikerin: *„Naja, lass sie mal anfangen."*

Antreiber: *„Ja, du. Lass sie doch mal starten und halt dich zurück!"*

Perfektionistin: *„Ruhe jetzt! Ich hab' alles im Griff."*

Und jetzt bin ich diejenige, die mit den Augen rollt, und ich schicke meinen Stimmen einen liebevollen Gedanken. Weiß ich doch mittlerweile, dass sie es gut mit mir meinen.

Voice Dialogue – Stimmen in meinem Kopf? Wo kommen die denn her?

Als ich mit der Voice-Dialogue-Methode (Dialog der Stimmen) anfing, dachte ich, ich werde verrückt. Stimmen, die schon immer in meinem Kopf waren, bekamen Namen wie Kontrolleur, Antreiber, Kritikerin, Perfektionistin, Beschützer, Inneres Kind (in all seinen Phasen: trotzig, wütend, kuschelig, ängstlich, mutig usw.), Richter, die gute Mutter, die böse Mutter, Aphrodite, Faulenzerin, die Prinzipienreiterin. Da gibt es Frau Schlaumeier, genannt die Korinthenkackerin, die Rücksicht, das Helfersyndrom oder Helferlein, die Einzelgängerin, die Freiheit in mir, das jubelnde Herz, die Feministin, den Macho, die Liebe, den Hass, die Vergebung – und so viele mehr.

Die Voice-Dialogue-Methode ist ein Modell, das mir geholfen hat, mehr zu mir zu kommen. Im Jahr 2001 lernte ich meine Stimmen während meiner Ausbildung „Ganzheitliche Integrative Atemtherapie" (www.institut-atemtherapie.de) kennen. Ich lernte, mit welchem Teil ich gerade identifiziert bin. Identifiziert heißt: Dieser Teil regiert mich, hat das Sagen in mir, ist in mir an der Macht. Ich lernte die eine Stimme von der anderen zu unterscheiden; sie mir bewusst zu machen. Ich lernte, dass ich nicht diese Stimmen bin, sondern wie ich – Heike – Chefin meines Körpers und meiner Gedanken sein kann. Ich lernte, mich anzunehmen, wie ich bin (und das ist auch heute noch ein fortlaufender Prozess).
Als ich anfing, mir meine Stimmen bewusst zu machen, wurde es allmählich friedlicher in mir. Ich entwickelte mehr und mehr Verständnis für mich und die Gründe, aus denen ich so bin, wie ich bin. Mein Hüllen-Dasein veränderte sich zu einem Dasein mit viel Gefühl. Ich vertraute mir und dem Leben immer mehr. Die Stimmen und ich wurden ein Team.

Unter anderem möchte ich dir dieses Kennenlernen der inneren Stimmen in diesem Buch näher bringen. Denn das Ziel der Stimmen ist, uns zu beschützen, wenn unsere Erfahrungen zu schmerzhaft werden. Sie entstehen in der Kindheit und übernehmen das Ruder, damit wir nicht noch weitere schmerzhafte Erfahrungen machen.

Bei einem Gefühl von „Ich fühle mich wertlos“ kommt ein Beschützer-Teil auf den Plan: „Ich werde dich vor schmerzhaften Gefühlen beschützen und ziehe eine große und hohe Mauer um dich herum.“ Dieser Beschützer geht seiner Arbeit nach. Er beschützt. Dieser Teil bekommt nicht mit, dass dieses Kind dadurch einsam wird und sich zurückzieht. Er erledigt seine Aufgabe. Er bekommt dafür normalerweise jedoch kein Lob, keine Anerkennung. So strengt er sich mächtig an, damit er gesehen wird, und bekommt unbewusst viel Macht. Bleibt er unbewusst, fährt er immer größere und höhere Mauern auf.

Die Kritikerin, der Antreiber und die Perfektionistin kommen in unser Leben, wenn wir Fehler machen. Auch sie machen ihre Arbeit sehr gut. In unserer Kindheit lernen wir täglich, stündlich, ja sogar sekündlich, und natürlich passieren Fehler. Wir lernen zwar auch Sätze wie „Übung macht den Meister“ oder „Es ist noch kein Meister vom Himmel gefallen“. Doch diese Sätze passen nicht zu unserem unangenehmen Gefühl, wenn wir bei einem Fehler ertappt oder gar gehänselt werden. Wir hörten dann auch: „Das kannst du doch besser. Streng dich mal an!“ So strengten wir uns mit Hilfe unserer Kritikerin, unseres Antreibers und seiner Kumpelin, der Perfektionistin, mächtig an. Denn: **Wir wollten gut sein und uns gut fühlen. Wir wollten geliebt werden.** Wir wollten, dass Mama, Papa und die ganze Welt stolz auf uns sind.
So entstehen mit unseren Erfahrungen noch viele andere Teile in uns. Diese Teile bleiben jedoch in der Kindheit stecken. Sie entwickeln sich nicht mit, sie handeln immer noch „kindgerecht“, merken nicht, dass wir erwachsen geworden sind, und lassen uns somit keine neuen Erfahrungen machen, mit denen wir unser Verhalten verändern könnten. Machen wir uns diese Stimmen bewusst und gehen in Kontakt mit ihnen, sehen sie, danken ihnen, werden selbst zur Busfahrerin, dann können wir viele Krankheiten in uns verhindern. Ein Antreiber, der mit der Perfektionistin und der Inneren Kritikerin eng zusammenarbeitet, kann uns in einen Burnout treiben. Ein Innerer Richter und ein trauriges, wütendes Kind können uns in eine Depression bringen. Eine Innere Kritikerin und ein überforder-

tes Inneres Kind können uns in eine Hartherzigkeit bringen. Dies sind nur Beispiele. Die Zusammensetzung kann auch völlig anders sein.

Kritikerin: *„Also, ich glaube, ich komme bei dem Buch nicht so gut weg. Kann das wohl sein?“*

Etwas beleidigt, der Antreiber: *„Ich wollte nur das Beste für dich, Heike.“*

Perfektionistin: *„Hab' ich nicht genug gemacht? Sollte ich noch mehr machen?“*

Ich: „Ihr seid wirklich mein Dream-Team! Wo wäre ich denn ohne euch? Ich bin doch so froh, dass ich euch habe. Und dass ich endlich Kontakt zu euch habe. Die Zeit, als ich mir nicht bewusst war, dass es euch gibt, war ganz schrecklich. Arbeiten, arbeiten, arbeiten. Immer perfekt sein. Oft unzufrieden, ohne zu wissen, warum.“

(Die Kritikerin lächelt wissend in sich hinein.)

Ich: „Jetzt kann ich, im Kontakt mit euch, selbst über mich bestimmen. Welch ein Zugewinn! Ich kann entscheiden, ob ich nur arbeiten will oder ob ich Pausen einlege, mit der Gewissheit, dass ich auch mit Pausen eine tolle Frau bin und gute Arbeit leiste. Ich bin froh, dass ich euch so klar in mir hören kann!“

Und nun erzähle ich dir, wie alles begann.

Im Juli 1996 starb mein Papa. Drei Monate später lernte ich meinen damaligen Mann kennen, und er hatte so viel von meinem Papa. Er war groß, dünn, hatte die Haarpracht und diese wunderschönen blauen Augen – wie mein Papa. Und er machte mich neugierig. Er sprach von Gott und esoterischem Schnickschnack. Ich verliebte mich Hals über Kopf in ihn. Drei Monate später war ich schwanger. Damit er nicht auch aus meinem Leben verschwand wie mein Papa (nicht dass er auch gestorben ist – ich bin froh, dass er lebt!), machte ich ihm auf Mallorca einen Heiratsantrag. Wir hatten eine tolle Hochzeit, und unsere Tochter erblickte 1997 das Licht der Welt. Welch ein Glück, dieses Kind! Ich stürzte mich mit all meiner Liebe auf dieses Kind.
Zwei Jahre später schlich sich eine Beobachtung meinerseits ein, die sich wie ein roter Faden durch mein Leben zog: In der Beziehung ging das Gefühl zu meinem Partner verloren.
Das durfte doch nicht wahr sein! Nicht schon wieder das Gleiche!
Diesmal hatte ich jedoch einen Partner gefunden, der bereit war, mit mir daran zu arbeiten, und so erfuhren wir von der „Ganzheitlichen Integrativen Atemtherapie“ und meldeten uns gemeinsam zur Ausbildung an. Dort lernte ich dann meine Stimmen kennen ...

Kritikerin: *„Na, das wird jetzt aber auch mal Zeit, dass ich dran komme!“*

Ich: „Wir starten mit dem Inneren Kind – dem Schlüssel zu meiner Gefühlswelt.“

Kritikerin: *„Ich hab' viel mehr zu sagen!“*

Ich: „Das glaube ich dir gerne!“

Hallo ist da jemand
der mich hören kann?

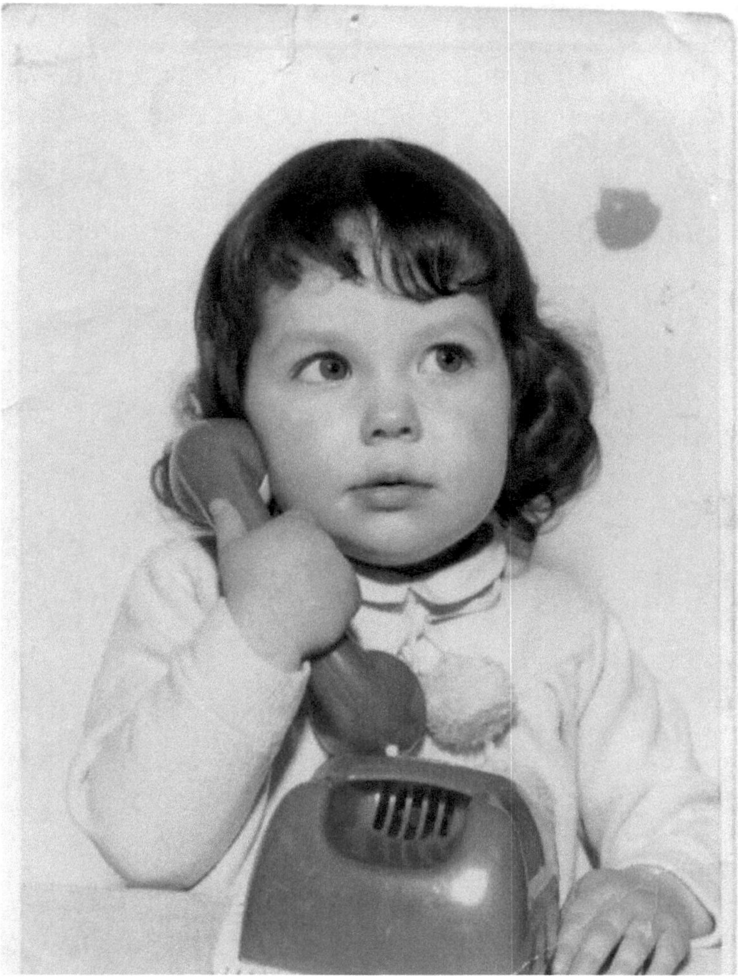

Das Innere Kind – der Schlüssel zu mir und meiner reichen Gefühlswelt

Ich: „Komm, setz' dich zu mir!"

Kleine Heike: *„Geht es jetzt los?"*

Ich: „Ja, jetzt geht es los. Freust du dich schon?"

Kleine Heike: *„Hm. Ich hab' Angst. Ich kann gar kein Buch schreiben. Dazu bin ich noch viel zu klein. Was soll ich denn hier machen?"*

Ich: „Du brauchst gar kein Buch zu schreiben, mein Schatz, du darfst hier auf meinem Schoß sitzen und zugucken, wie ich das Buch schreibe."

Kleine Heike: *„Und wenn es mir zu langweilig wird, kann ich dann spielen gehen?"*

Ich: „Na klar, kannst du dann spielen gehen."

Die Kleine entspannt sich. Ich bin berührt.

Rund um meine Geburt: Was man als Kind so alles wahrnimmt oder für bare Münze hält

Meine Schwester war 5 ½ Jahre alt, als ich zur Welt kam. Ich war ein absolutes Wunschkind. Meine Eltern hatten mich sehnlichst erwartet. Nach insgesamt drei Fehlgeburten erblickte ich im Jahr 1964 das Licht der Welt.

Ich tu' mal so, als ob ich wüsste, wie es damals rund um meine Geburt war:
Im Bauch war es so schön kuschelig warm, gemütlich, dass ich noch gar keine Lust hatte, auf die Welt zu kommen. Außerdem hatte ich meine Mama ganz für mich alleine. Herrlich!
Meine Mama hatte wahnsinnige Angst vor meiner Geburt. Die Geburt meiner Schwester war eine schwierige Geburt und sehr anstrengend für sie gewesen. Da ich direkt mit meiner Mama verbunden, quasi ein Teil von ihr war, übertrugen sich ihre Ängste auf mich. Doch ich war eine Kämpfernatur und sagte mir: „Das wird schon gutgehen!" Heute weiß ich, dass ich die Geburt als schrecklich empfunden habe. Die Kälte, als ich aus dem Bauch kam, war ein Schock für mich. Die kalten Geräte, das grelle Licht, und das Schlimmste: Der Arzt nahm mich von meiner Mama weg. Das ist doch zum Schreien! Ich fühlte mich keineswegs willkommen. Die Wahrnehmung, dass die Sehnsucht meiner Mama nach einem weiteren Kind doch kleiner war, als ich wahrgenommen hatte, schlich sich ein. Und wo war denn mein Papa? Interessierte er sich überhaupt für mich? Ich fühlte mich ungeliebt, einsam. Dann endlich lag ich bei meiner Mama im Arm. Herrlich! Ihr Duft, ihre Wärme, endlich wieder ihre Stimme hören. Ja, jetzt fühlte ich mich geborgen. Hier war ich zuhause. Meinen Papa erlebte ich am Rande. Meine Mama und ich waren eine Einheit. Der nächste Schock für mich kam auch bald. Damals war es verpönt zu stillen. Die Brüste meiner Mama wurden abgebunden, und ich bekam die Flasche. Ich könnte jetzt noch weinen, wenn ich daran denke. Ich lag in den Armen meiner Mama und roch die süße Milch, die für mich unerreichbar war. Ich spürte, wie schlecht sich meine Mama fühlte, denn sie hätte mich gerne gestillt. Am liebsten hätte ich ihr geholfen, aber wie?

In der damaligen Wahrnehmung schob ich alles auf mich, wie es Kinder nun einmal machen. In meiner Wahrnehmung dachte ich: „Was ist denn los mit mir? Ich muss ein schlechter Mensch sein, dass meine Mama mir keine Milch gibt. So, wie ich bin, bin ich keineswegs o.k."

Was hat das mit dem Thema „Inneres Kind" zu tun?

Stell dir vor, dass ein Baby **alles** wahrnimmt. Stimmungen, Gefühle, Energien, einfach alles, was um das Baby herum passiert. Aus diesen Wahrnehmungen heraus entstehen unsere Glaubenssätze und Affirmationen. **Glaubenssätze sind Sätze, die wir uns täglich sagen – und wie der Begriff verdeutlicht: Wir glauben an diese Sätze.** Tja, ich höre dich schon sagen: „So ein Unsinn! Ein Baby kann sich doch keine Glaubenssätze machen." Ich gebe dir Recht. Vielmehr werden unsere frühen Wahrnehmungen im Unterbewusstsein gespeichert, und viel später machen wir uns unseren Glaubenssatz dazu, der in der Regel auch unbewusst wirkt. Spätestens seit Sigmund Freud geht die moderne Psychologie, was das Verhältnis von Bewusstem zu Unterbewusstem betrifft, von der Faustformel 20 zu 80 aus. Wir handeln also überwiegend aus unserem Unterbewusstsein heraus.

Das Eisberg-Modell macht es deutlich:

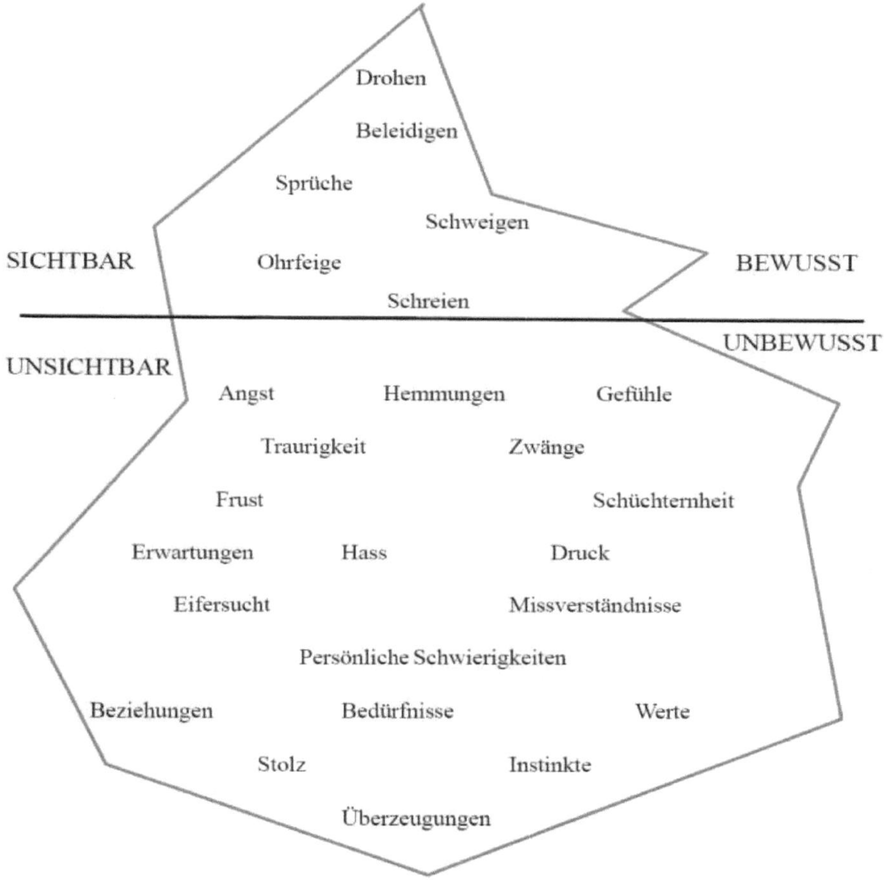

(Abbildung zeigt das Eisbergmodell, gezeichnet von Sebastian Lange.)

Nehmen wir einen Konflikt: Ein Konflikt ist vergleichbar mit einem Eisberg.
Der größere Teil ist unsichtbar. Wir sind uns dessen nicht bewusst, handeln jedoch häufig aus unserem Unbewussten heraus. Nur der kleinere Teil ist an der Oberfläche sichtbar und im Bewusstsein der Beteiligten. Deshalb ist Konfliktlösung häufig so schwierig.

Je mehr unsichtbare Zusammenhänge ans Licht kommen, desto besser verstehen wir den Konflikt, uns selbst und die andere Person. Desto leichter fällt uns eine Lösung ein.

Ein Beispiel für einen Glaubenssatz, eine Wahrnehmung und eine Handlung:
Du hast drei Kinder. Alle wollen gleichzeitig mit dir kuscheln. Das erste Kind kommt und setzt sich auf dein linkes Bein. Das zweite kommt und setzt sich auf dein rechtes Bein. Und was macht das dritte Kind? Genau, es sieht, dass alle Beine von Mama oder Papa besetzt sind. Was würdest du als drittes Kind in dieser Situation tun? Was würdest du in dem Moment fühlen und denken?
Wir waren zu dritt, und ich habe gedacht: „Alles besetzt. Ich ziehe mich zurück."
Folgendes ist passiert: Ich habe etwas gesehen und wahrgenommen: „Ist alles besetzt." Es folgte mein Gedanke dazu: „Keiner will mich." Das dazugehörige Gefühl war: „Ich fühle mich ungeliebt". Es wird begleitet durch die darauffolgende Handlung: „Ich ziehe mich zurück."
Wahrheit und Wahrnehmung haben folgendes gemeinsam: die ersten vier Buchstaben beider Wörter. Die Wahrheit ist, ich bin mit Liebe aufgewachsen. Denn Eltern lieben ihre Kinder. Jedoch ist meine Wahrnehmung, dass mich keiner will, zu meiner Wahrheit geworden.

Während ich dies schreibe, kommen immer wieder alte Gefühle in mir hoch, die geheilt werden wollen und die ich dir gerne mitteilen möchte.

Kleine Heike: *„Ach, ich kann das gar nicht mitlesen! Es macht mich so traurig, dass alles bei meiner Mama besetzt war."*

Beschützer: *„Ich beschütze dich!"*

Kleine Heike: *„Es erinnert mich daran, dass mir meine Mama so doll gefehlt hat."*

Beschützer: *„Ja, ich weiß. Ich beschütze dich!"*

Kleine Heike: *„Ich fühlte mich so alleine auf dieser Welt. Ich hatte so viel Angst."*

Beschützer: *„Ich beschütze dich vor dem Gefühl der Angst. Ich schiebe eine Mauer zwischen dich und deine Mama. Dann fühlst du die Angst nicht mehr."*

Ich sitze und schreibe und weine. Diese Mauer habe ich ein Leben lang zwischen meiner Mama und mir gefühlt. Schmerzhaft nehme ich wahr, dass ich diese Mauer zwischen uns gezogen habe. Und das ist jetzt siebenundvierzig Jahre her! Innerlich nehme ich meinen Beschützer in die Arme und sage ihm: „Ich danke dir für den Schutz, den du mir gegeben hast. Was hätte ich nur ohne dich getan! Doch jetzt bin ich groß und passe gut auf die Kleine Heike auf." Und in meinem innerlichen Bild fangen wir an, die Steine abzutragen, bis die Mauer verschwunden ist. Meine Mama steht hinter der Mauer und wartet sehnsüchtig auf mich. Die Kleine und die Große Heike rennen ihr entgegen, und sie schließt uns liebevoll in ihre Arme.

Mache gerne eine Pause und spüre nach, wie es dir mit meiner Geschichte geht.

Gehe noch einmal ein Stück zurück, lege die Aufmerksamkeit auf das dritte Kind und stelle dir folgende Situation vor:
Jahre später. Zwei Kinder spielen zusammen auf dem Schulhof. Das besagte Kind geht hin und will mitspielen. Die Kinder wollen jedoch alleine weiterspielen. Dieses Kind erinnert sich unbewusst an die Situation mit den Eltern und den Geschwistern und wird denken: „Keiner will mich. Ich werde nicht geliebt." Es wird sich wieder zurückziehen. Es sind zwar verschiedene Situationen, es tauchen jedoch die gleichen Gefühle dazu auf. Unbewusst erinnern wir uns an die Situation mit Mama oder Papa und daran, wie sie schon „besetzt" waren. Genau wie die Kinder auf dem Schulhof. Sie spielten zusammen und waren somit „besetzt".
Solange dieses Muster unbewusst in dir abläuft, kann es dir passieren, dass du, wenn du in eine Gruppe hineinkommst und dich unwohl fühlst, allein dastehst und das Gefühl aufkommt: „Keiner will mich. Ich fühle mich ungeliebt und unerwünscht. Ich ziehe mich zurück." Jetzt wirst du denken: „Wieso ziehe ich mich zurück? Die haben sich doch gegen mich entschieden!" Das ist dann so ähnlich wie bei folgendem Witz: „Durchsage für alle Autofahrer: Auf der A1 kommt Ihnen ein Falschfahrer entgegen. Bitte fahren Sie vorsichtig." Und der Falschfahrer denkt: „Wieso einer? Tausende!"

Und schon wird uns klar, dass jeder Mensch eine andere Wahrnehmung hat. Das ist auch der Grund, warum das Zusammenleben der Menschen manchmal schwierig und manchmal leicht ist. Und gerade deswegen möchte ich betonen: **Jeder hat seine eigene Wahrnehmung. Und jeder ist mit seiner Wahrnehmung richtig so, wie er ist.**

Jetzt fragst du dich bestimmt: „Ja, super, und wie komme ich aus diesem Verhalten heraus?" Mache dir deine Gefühle in den jeweiligen Situationen bewusst. Alles das, was unbewusst ist, bleibt unverändert. Unbewusst heißt, es ist verdrängt, vergraben, vergessen. Wenn du dir deine Gefühle bewusst gemacht hast und du dir dann auch noch die Zeit nimmst, diese zu fühlen, dann bist du schon ei-

nen großen Schritt weiter. Ich betone „dir ganz bewusst die Zeit nimmst", da ich weiß, dass das Fühlen im Alltag zu kurz kommt.
Ein Beispiel dazu: Eine Freundin ruft dich an und erzählt dir, dass der Nachbar, mit dem sie enger befreundet war, im Alter von vierzig Jahren verstorben ist. Deine Freundin weint am anderen Ende der Leitung. Was würdest du tun? Hinfahren? Am Telefon trösten? Abwimmeln, weil dein Kind schreit und das Essen auf dem Herd steht? Früher hätte ich gesagt, dass es schrecklich ist, und ich hätte sie gefragt, was ich für sie tun kann. Und ich hätte funktioniert – erst einmal. Abends würde ich es jemandem erzählen: „Weißt du, was passiert ist?" Erst wenn ich aus dem Modus „Funktionieren" hinausgegangen wäre, hätte ich meine Trauer darüber fühlen können, dass es meiner Freundin sehr nahe ging. Und erst dann würde ich mit ihr um den Mann trauern können, der so früh sein Leben verloren hat.

In den meisten Situationen jedoch funktionieren wir und verdrängen unser Gefühl. Wir vergessen, dass wir verdrängt haben, und dann vergessen wir, dass wir vergessen haben. Da dieser Satz verwirrend sein kann, lies ihn gern noch einmal.
Trauer, Neid, Angst, Hass, Verzweiflung, Einsamkeit, Schuld, Wut – all diese Gefühle wollen wir am liebsten „weg haben", also verdrängen, weil sie schmerzhaft sind. Halten wir diese Gefühle in unserem Körper fest, fügen wir unserem Körper Schmerz zu. Denn irgendwo will das Gefühl hin. Es sucht ein Ventil. Geben wir diesem Gefühl kein Ventil, kommt es immer wieder angeschlichen: „Hallo, ich bin es, die Trauer. Kannst du mich hören? O.k., wenn ich ungehört bleibe, schicke ich dir Kopfschmerzen und hämmere so lange in deinem Kopf, bis du krank wirst. Dann hast du Zeit, dich mit mir zu beschäftigen. Ich will doch nur da sein dürfen!"

Wie es das Wort schon sagt: **Ein Gefühl ist dazu da, gefühlt zu werden.** Punkt. Atme dabei tief ein und aus. Gar keine große Sache. Und wenn wir uns trauen, durch ein Gefühl hindurchzugehen, machen wir Platz für ein anderes, schönes Gefühl. Und du willst dich doch gut fühlen, oder?

Die Angst davor, ein unschönes Gefühl zu fühlen, kann dagegen Jahre anhalten. Jahrelang Kopfschmerzen?

Und glaube mir: Jedes Gefühl, jede Wahrnehmung wird in unserem Körper abgespeichert. Er ist wie ein PC. Er speichert etwas ab und kann es jederzeit wieder abrufen.
Nun wirst du dich vielleicht fragen, wie du das verändern kannst?
Wie kann ich von meiner Festplatte etwas entfernen, damit es mir besser geht? Denn wenn es dir gut ginge, würdest du nichts verändern wollen. Logisch.
Doch du liest dieses Buch, weil du auf dem Weg bist, Dinge zu verändern. Es kann sein, dass du mehr Zufriedenheit in dir fühlen willst, dass du glücklicher sein willst, als du es jetzt schon bist, dass du mehr Fülle im Leben verspüren oder dass du dich geliebt fühlen willst.
So ging es mir vor einiger Zeit, und ich entdeckte das „Innere Kind“, das für mich ein wunderbares Geschenk ist.

Das Innere Kind – von Du-Botschaften, einem viel zu vollen Rucksack, Spiegelgesetzen und Gefühlen aus der Kindheit

Kleine Heike: *„Erzählt du jetzt von mir?"*

Ich: „Ja, das werde ich tun."

Kleine Heike: *„Aber du darfst nur schöne Sachen erzählen, sonst schäme ich mich, und es ist mir peinlich."*

Ich: „Das kann ich gut verstehen. Ich möchte den Menschen näher bringen, wie wichtig es ist, die ‚Kleinen' in sich zu entdecken, und würde gerne einige Beispiele von uns beiden in dieses Buch schreiben. Wärst du damit einverstanden?"

Kleine Heike: *„Das find' ich toll, dass du mich fragst. Da fühl' ich mich von dir gesehen."*

Ich: „Ja, es betrifft dich ja auch. Hast du eine Idee, wie wir das machen können, ohne dass du dich schämst und ohne dass es dir peinlich wird?"

Kleine Heike: *„Hm, ich überleg' mal eben."*

Pause.

Kleine Heike: *„Du kannst ja die Situationen vorher mit mir besprechen."*

Ich: „Das ist eine gute Idee. So machen wir das. Ich würde auch gerne vorher noch einiges zu negativen Botschaften schreiben – und was diese Botschaften mit uns machen. Ist das für dich in Ordnung?"

Kleine Heike: *„Meinst du mit negativen Botschaften Sachen, die ich nicht kann? Das sollst du nicht erzählen. Dann schäm' ich mich doch."*

Ich: „Ich meine mit negativen Botschaften Sätze, die wir von den Erwachsenen hören: dass wir dies und das nicht können. Die Wahrheit sieht meistens anders aus."

Kleine Heike: *„Tu das. Das ist ganz wichtig. Weißt du, was ich am meisten gehört habe?"*

Ich: „Was hast du am häufigsten gehört?"

Kleine Heike: *„‚Du musst dich anstrengen. Dann wird auch was aus dir.' Ich versteh' den Satz gar nicht! Was soll denn aus mir werden? Ich bin doch Heike! Auch wenn ich ihn nicht verstanden habe, habe ich gefühlt, dass Mama und Papa traurig waren, wenn ich in der Schule schlecht war."*

Ich: „Sie meinten, dass du dich anstrengen sollst, damit aus dir jemand wird, der einen guten Beruf hat, der dir Geld und Sicherheit bringt."

Kleine Heike: *„???"*
Ich: „Deine Eltern haben viel weiter gedacht als du. Das ist auch wichtig für Eltern. Was sie manchmal vergessen, ist, dass es dich als Kind noch nicht interessiert, was beruflich aus dir wird. Sie vergessen oft, dass Kinder noch viel spielen wollen."

Kleine Heike: *„Genau. Ich geh' jetzt spielen. Ich nehm' die Kerstin mit und spiel Frisör.*

Das, was du gerade gelesen hast, war ein innerer Dialog zwischen der Kleinen Heike und der Großen Heike. Die Kleine Heike ist meine Erinnerung an früher, an meine Kindheit. Auch wenn ich vieles verdrängt und somit vergessen habe, ist das, was ich erlebt und wahrgenommen habe, immer noch in mir. Durch Bilder, die ich vor meinen Augen sehe, durch Gedanken, die mir in den Kopf schießen, oder durch Gefühle nehme ich Kontakt zu der Kleinen Heike – oder den anderen Stimmen – in mir auf.

Nach jahrelanger Arbeit mit der Kleinen Heike weiß ich mittlerweile, was ein kindlicher Gedanke ist – oder ob es ein Gedanke der Großen Heike ist. Der kindliche Teil nimmt bei mir eine andere Stimme im Kopf ein.

Wenn dir der Ausdruck Inneres Kind missfällt, ersetzte ihn einfach durch deine „Kindheit" oder „Erinnerung".

Ich war entsetzt, als ich vor ein paar Wochen in einem Buch las: „Im Laufe der Kindheit hören wir 25.000 Tonbänder mit negativen Botschaften." 25.000 Tonbänder à 60 Minuten sind
1,5 Millionen Minuten!
Was sind negative Botschaften? Negative Botschaften, die unsere Eltern uns vermittelt haben, sind zum Beispiel: „Lass das mal, das ist zu schwer für dich! Du bist so faul, du taugst wenig, ich schäme mich für dich. Kannst du auch irgendetwas richtig machen, nur irgendetwas? Du bist zu dick. Du bist zu dünn." Und das täglich. Und weil wir das so gelernt haben, geben wir es an unsere Kinder weiter. Täglich.

Das Gute daran: Jetzt ist es dir bewusst, und du kannst es verändern. Hätten deine Eltern damals – als du Kind warst – gewusst, dass sich diese negativen Du-Botschaften auf uns Menschen schädlich auswirken, hätten sie anders mit dir geredet. Weil, und da bin ich mir ganz sicher, deine Eltern nur das Beste für dich wollten. Genau wie du nur das Beste für deine Kinder willst, sofern du welche hast.
Ganz deutlich möchte ich machen, dass es keineswegs darum geht, deinen Eltern oder dir einen Vorwurf zu machen. Dadurch würdest du bei dir nur das Gefühl, ein Opfer zu sein, verstärken. Es geht mir darum, dir bewusst zu machen, dass positive Botschaften unsere Kinder stärken und dass du die Du-Botschaften in Ich-Botschaften verwandeln darfst.

Ein Beispiel (du merkst schon, ich liebe Beispiele): Ein Kind steigt auf dem Spielplatz auf ein Klettergerüst. Es ist sich keiner Gefahr be-

wusst und klettert sehr hoch. Was machst du als Mama oder Papa? Genau, du gehst hin; du bist verärgert, dass das Kind so hoch geklettert ist, und eilst zur Rettung herbei mit den Worten: „Das ist ja viel zu hoch für dich. Das Herunterklettern wird zu schwer für dich!" Und in Nullkommanichts bist du auf dem Klettergerüst, um dein Kind zu retten. Was lernt das Kind daraus? Es hat eine Erfahrung gemacht.
Ich möchte noch einmal anmerken, dass jedes Kind unterschiedlich ist und es viele Möglichkeiten gibt, wie es sich verhält. Und es geht nicht um richtig oder falsch. Mir geht es in meinen Beispielen darum, dir den Zusammenhang zwischen Handeln, Glaubenssätzen und Gefühlen zu vermitteln.
Also: Das Kind hat eine Erfahrung gemacht und könnte diese Situation wie folgt wahrnehmen: „Mama/Papa ist verärgert, wenn ich etwas Neues ausprobiere. Sie sollen doch glücklich sein. Nächstes Mal bleibe ich lieber vor dem Klettergerüst stehen." Das läuft alles unbewusst ab, egal wie alt das Kind ist. Der Glaubenssatz könnte lauten: „Immer wenn ich etwas Neues ausprobiere, versage ich."
Und für Kinder gibt es nur ein „immer" oder ein „nie".

Oder das Kind denkt:

„Oh, jetzt habe ich Mama/Papa verärgert. Ich fühle mich schuldig, da sie sich über mich aufgeregt haben. Jetzt müssen sie meinetwegen auf das Klettergerüst steigen. Ich mache alles falsch."
Der Glaubenssatz: „Alles, was ich anfange, geht schief."
Ich könnte jetzt so weitermachen. Mir fallen noch einige Glaubenssätze ein.

Was hinter dem Ärger der Mutter oder des Vaters steckte, war Angst. Angst, dass dem Kind etwas passiert. In Gedanken und Bildern haben sie ihr Kind schon im Krankenhaus gesehen. Nächte und Tage hätten die Eltern am Krankenbett verbracht. Sie hätten sich freinehmen müssen bei der Arbeit, das Geschwisterkind unterbrin-

gen müssen – Stress pur. Da ist es doch besser, sie drücken ihren Ärger aus und holen das Kind auf den eigenen Armen herunter.
Ist dir schon aufgefallen, dass wir eher unseren Ärger ausdrücken, als unsere Angst zum Ausdruck zu bringen? Was hätte die Mutter oder der Vater anders machen können?
Es hätte etwas sein können wie zum Beispiel: „Mein Schatz, du bist ganz schön hoch geklettert. Ich habe Angst um dich. Ich komme hoch und zeige dir, wie du da runterklettern kannst."

Mittlerweile fragst du dich wahrscheinlich, was das alles mit dem Inneren Kind zu tun hat?

Alles!

Viele Glaubenssätze sind unbewusst, und doch leben wir danach. **Mein Früher bestimmt mein Jetzt.** Wir sind, was wir denken. Wenn ich zum Beispiel von mir denke, dass ich eine Versagerin bin, werde ich ständig in meinem Leben entsprechende Situationen schaffen, um mir dieses Gefühl zu beweisen. Im Beruf, in der Erziehung, in der Beziehung, im Sexualleben – überall.
Wie oft hast du dir schon den Satz „Hab ich doch gewusst, dass das schiefgeht!" gesagt? Du bestätigst dir deinen Glaubenssatz. Wenn du daran glaubst, dass etwas schiefgeht, wird es schiefgehen. Du sendest diese Energie aus.

Eine meiner Sitzungen.
Als ich mit dem Inneren Kind zu arbeiten begann, stellte sich folgender Dialog zwischen uns ein:

Ich: „Hallo, meine Kleine, wie geht es dir?“ (Das Kind isst die ganze Zeit.)

Kleine Heike: *„Ich bin traurig.“*

Ich: „Warum bist du traurig?“

Kleine Heike: *„Ich bin immer noch so allein. Ich langweile mich. Ich weiß nicht, was ich so machen soll. Das Alleinsein ist schrecklich.“*

Ich: „Das ist wahr. Das ist schrecklich. Ich verstehe es dennoch nicht ganz. Wir waren Fahrrad fahren, Eis essen, schlafen, malen. Warum hast Du dich einsam gefühlt?“

Kleine Heike: *„Weil du nicht wirklich bei mir bist.“*

Ich: „Was kann ich tun, um wirklich bei dir zu sein?“

Kleine Heike: *„Nimm mich wahr. Sieh’ mich! Hör’ mich! Ich bin da. Auch wenn du das noch verleugnest und mich nicht sehen kannst. Ich bin da!“*

Ich: „Ich weiß, dass du da bist, wir unterhalten uns ja gerade. Ich würde gerne verstehen, wie du das meinst.“

Kleine Heike: *„Du nimmst Kontakt auf – und dann doch nicht. Du tust Sachen – und tust sie nicht. Du willst mich nicht wahrnehmen. Mit mir fühlen. Das macht mich wütend. Ich sitze nämlich schon ziemlich lange hier und warte auf dich. Wie lange soll ich noch warten, kannst du mir das mal sagen? So ein Mist! Da erzähle ich dir von all meinen Sorgen, Ängsten, Wünschen, und du – machst nichts!“*

Ich: „Ich nehme mit dir Kontakt auf."

Kleine Heike: *„Na, und was bringt mir der Kontakt? Nichts!"*

Ich: „Ich kann deine Angst und deine Wut verstehen. Ich bin auch häufig einsam, und mir geht es dann genauso. Ich fänd' es wunderbar, wenn ich dich wahrnehmen könnte. Wir hätten viel Spaß miteinander und wären nicht mehr allein. Und ich bemühe mich. Und ich bitte dich, mir noch Zeit zu geben."

Kleine Heike: *„Noch mehr Zeit? Du spinnst wohl! Soll ich hier verschimmeln?"*

Ich: „Nein. Doch ich weiß noch nicht so genau, wie ich dich wahrnehmen soll."

Kleine Heike: *„Halt' mich. Fühl' mich. Weine mit mir. Lache mit mir. Lebe mit mir. So wie du es mit deiner Tochter auch machst! Du würdest alles für sie tun, ich wünschte, du würdest dich auch so für mich einsetzen."*
Ich: „Ich liebe dich, mein Schatz. Ich weiß, dass du sehr stark bist, und ich habe immer noch Angst davor zu fühlen. Angst davor, was du mir noch aus meiner Kindheit erzählst."

Kleine Heike: *„Wir haben das doch überlebt. Manches war wirklich scheußlich, und dennoch: Ich bin noch da, und du bist noch da."*

Ich: „Ja."

Kleine Heike: *„Ich brauche dich."*

Ich: „Ja, ich weiß. Und ich werde jeden Tag mit dir Kontakt aufnehmen, ob durch Schreiben, Rollenspiele oder Briefe, und ich hoffe, dass ich dich so immer mehr wahrnehme."

Kleine Heike: *„Ich hoffe das auch. Ich will nicht mehr so viel essen. Mir ist schon ganz schlecht davon."*

Ich: „Dann hör' auf."

Kleine Heike: *„Ich gehe jetzt ins Bett. Schlaf gut."*

Ich: „Ich bin froh, dass ich dich wiedergefunden habe. Gute Nacht."

Ich hatte die Kleine Heike lange abgelehnt, weil ich Angst davor hatte, dass sie mir Erlebnisse erzählt, die ich keineswegs hören wollte. Mir ist bewusst geworden, dass sie ein Teil von mir ist. Ein Teil, der „weggehen" sollte. Ich hätte ihn am liebsten herausgeschnitten. Und für diesen Gedanken schämte ich mich. Ja, ich hasste mich dafür. Würde ich ein kleines Mädchen wegschicken, wenn es mir von seiner Traurigkeit und von seinem Schmerz erzählen würde? Nein. Ich würde es beschützend in den Armen halten, es wiegen und sagen: „Ich bin da für dich. Ich beschütze dich. Alles wird gut. Vertrau' mir." Und ich fühle die Dankbarkeit des Kindes, jemanden gefunden zu haben, bei dem es so sein kann, wie es ist. Ein verletztes Kind.

Es hat sich gelohnt, meinem Inneren Kind zuzuhören! Jetzt lachen, weinen und spielen wir miteinander, und das Leben ist viel lebendiger geworden. Leichter.
Was du gerade kennengelernt hast, ist ein Teil des Inneren Kindes. Es gibt das verletzte Kind, das neugierige Kind, das spielende Kind, das göttliche Kind, das traurige Kind und so weiter. Alles Teile von uns. Oder anders gesagt, alles Gefühle, die wir in der Kindheit verdrängt und in einen Rucksack gepackt haben, den wir immer noch mit uns herumtragen. Im Laufe des Lebens wird dieser Rucksack immer schwerer. Wir packen immer neue Sachen hinein und vergessen, dass wir auch etwas aus dem Rucksack herausnehmen sollten, damit dieser nicht platzt.

Kritikerin: *„Das Innere Kind! Das Innere Kind! Seiten über Seiten. Was ist denn mit mir? Wann komm ich denn dran?"*

Ich: „Später."

Kritikerin: *„Später! Das dauert ja viel zu lange! Ich bin jetzt schon ganz ungeduldig. Wenn du alles so haarklein auseinandernimmst, wird das Buch ja nie fertig!"*

Ich: „Warum bist du denn so nörgelig?"

Kritikerin: *„Du liest und liest die Zeilen. Immer und immer wieder. Das bringt doch nix! Dann verbesserst du hier und da mal was. Ich denk', du willst fertig werden? So nicht, meine Liebe, so nicht!"*

Perfektionistin: *„Ich gebe mir so viel Mühe! Sie soll das ruhig öfters lesen und korrigieren. Meinst du, ich will, dass sie hinterher ausgelacht wird, weil ein Fehler in diesem Buch ist? Wie steh ich denn dann da!"*

Kritikerin: *„Ja, das sag' ich ja von Anfang an! Schnapsidee, das mit dem Buch."*

Perfektionistin: *„Nee, nee, jetzt kann ich endlich mal zeigen, was in ihr steckt. Lass mich mal."*

Kleine Heike: *„Wieso wollen die nicht, dass du von mir erzählst?"*

Zeit für ein Wort mit den beiden. Ich nehme sie an die Hand und setze mich mit ihnen an einen Tisch.

Ich: „Möchte jemand Kaffee?"

Kritikerin: *„Ja, aber nicht so heiß."*

Perfektionistin: „Bitte nicht zu stark!"
Ich: „Möchte jemand Kaffee?"

Beide: *„Ja, gerne."*

Kritikerin: *„Und der Kaffee ist doch zu heiß ...“*

Ein Lächeln umspielt meine Lippen.

Ich: „Wisst ihr, mir ist schon bewusst, dass sich ein Buch nicht einfach so schreibt. Ich bin dankbar für eure Unterstützung.“

Die Perfektionistin fühlt sich gesehen und lächelt mich dankbar an. Die Kritikerin blickt mich erwartungsvoll an.

Ich: „Es ist schwierig für mich, dieses Buch zusätzlich zu meiner Arbeit zu schreiben. Es liegen Wochen zwischen den Schreibphasen, und dann brauche ich Zeit, um wieder in die Themen hineinzufinden.“

Die Kritikerin setzt schon zum Gegenangriff an. Ich stoppe sie.

Ich: „Weißt du, meine liebe Kritikerin, wenn wir noch lange herumdiskutieren in einer Diskussion, die zu nichts führt, dauert es noch länger, bis ich von dir erzählen kann.“

Kritikerin: *„Da hast du auch wieder Recht.“*

Ich atme auf. Manchmal darf man die Kritikerin einfach stoppen.

Zurück zu unserem Rucksack. Um dir das Rucksack-Prinzip klarer zu machen, folgendes Beispiel:

Es ist Muttertag. Meine Tochter hat bei ihrem Vater geschlafen, und er hat mich zum Mittagessen zu sich eingeladen.
Schon beim Eintreten in die Küche nehme ich eine kühle Stimmung wahr. Meine Tochter hört Kassette und begrüßt mich nebenbei. Ich unterhalte mich mit meinem ehemaligen Mann. Wir fangen an zu essen, und ich schalte den Kassettenrekorder aus. „Nur weil du da bist, kann ich die Kassette nicht zu Ende hören!“, giftet mich meine Tochter an. (Der Kassettenrekorder wird bei uns immer während

des Essens ausgeschaltet, das war auch so, als wir noch zusammen gewohnt haben). Mein ehemaliger Mann gratuliert mir zum Muttertag und sagt, dass er den Ton nicht o.k. findet. „Ja, ja. Jetzt hältst du auch noch zu der!", sagt meine Tochter. Sie sitzt da und ist sauer. Ich merke, dass ich enttäuscht bin. Ich bin eine Rivalin für sie, schießt es mir durch den Kopf. Sie hatte ihren Vater für sich allein, und dann komme ich und störe die beiden. Die Rollen sind total verdreht. Die Tränen kommen mir, und ich teile meiner Tochter meine Enttäuschung mit, dass sie mir gar nicht zum Muttertag gratuliert hat. Ich fühle mich total übersehen. „Hey", denke ich, „das ist mein Tag heute. Was ist mit mir? Darf es sich auch einmal um mich drehen und nicht immer um meine Tochter? Jetzt steht sie auch noch heulend auf, und ich werde gleich zu ihr gehen und sie trösten. Wer tröstet mich? Mir ist auch zum Heulen zumute. Keiner beachtet mich. Die wollen mich gar nicht."
Es ist die Kleine Heike, die das denkt. Es geht meiner Tochter genauso wie mir. Sie fühlt sich übersehen.

Meine Tochter lässt sich nicht von mir trösten. Auch darüber bin ich traurig. Ich merke, dass ich ein paar Minuten allein sein möchte, und gehe spazieren. Ich weine meine Trauer, meine Enttäuschung heraus und tröste meine Kleine Heike. Danach geht es besser.
Dann wird mir klar, dass meine Tochter traurig darüber ist, dass ihr Vater zwei Wochen beruflich unterwegs ist und sie nicht bei ihm sein kann.

Du erinnerst dich, dass ich bereits davon schrieb, dass eine Situation geschieht, ein Gefühl dazu kommt und ein Glaubenssatz dazu entsteht? Gefühl und Glaubenssatz können gleich sein, bei völlig unterschiedlichen Situationen. Das Kind bei Mama auf dem Schoß? Das Kind auf dem Schulhof und die Erwachsene, die in eine Gruppe geht? Erinnerst du dich? All das kommt in einen Rucksack. Nicht verarbeitet, nicht gefühlt. Und jedes Mal, wenn in einer Situation ein bestimmtes Gefühl und der dazugehörige Glaubenssatz angepiekt wird, kommt es zu Stress. Wir erinnern uns. Unbewusst.

Ich möchte dir den Zusammenhang zwischen den alten Gefühlen und den Gefühlen und Situationen von heute noch näherbringen. Dazu folgendes Beispiel:

Als klar wurde, dass mein ehemaliger Mann und ich uns trennen würden, wurde mir bewusst, dass ich mich um einen Job kümmern muss. Eine liebe Freundin hatte die Idee, unser Wohnzimmer zum Behandlungszimmer und Seminarraum umzufunktionieren. Eine tolle Idee! Ich war Feuer und Flamme. Außerdem wünschte ich mir noch jemanden, mit dem ich mir den Raum teilen könnte, damit die Mietkosten geringer werden. Ich war voller Energie. Und in den ersten Monaten verdiente ich gutes Geld. Ich kam mit dem Geld aus. Ich versuchte einen Fuß in einige Firmen zu bekommen, um mobile Massage anzubieten. Ich nahm Kontakt mit einer Heilpraktikerschule auf, um Dorn-Seminare zu geben. Ich nahm Kontakt mit Schulen auf, um Elternabende über die Kinesiologie anzubieten. Je mehr ich versuchte, desto mehr Ablehnung erfuhr ich. Ich strengte mich so an – und nichts half. Die Klienten wurden weniger. Ich bekam das Gefühl: „Die wollen mich gar nicht!“ Ein alter Gedanke schlich sich dazu: „Ihr könnt mich mal! Ihr werdet schon sehen, was ihr davon habt!“ Das Trotzkind war da.
Zusätzlich hatte ich das Gefühl, dass da eine Stimme in meinem Kopf ist, die ich anfangs nicht einordnen konnte. Mittlerweile nenne ich diese Stimme „Gott“, und sie sagte zu mir: „Wie sollen wir dich führen, wenn du dich nicht führen lässt? Geh’ in dein Vertrauen, Heike, wir sind für dich da!“ Ja, wenn das so einfach wäre mit dem Vertrauen! Haben doch schon meine frühesten Erfahrungen rings um meine Geburt mich misstrauisch gemacht ...
Doch ich merkte: Immer dann, wenn es mir ganz schlecht ging und ich kein Licht mehr sah, wurde mir ein Lichtblick geschickt.
Es meldete sich eine Heilpraktikerin, die einen Raum suchte. Sie hatte zufällig davon gehört.
Es meldete sich eine ehemalige Klientin, die einen Elternabend und eine Erzieherfortbildung im Kindergarten mit mir vereinbarte.
Ich brauchte dafür nichts zu tun. Keine Anstrengung unternehmen. Was ich tun musste, war: warten.

Nichts tun. Und das fiel mir so schwer! Hast du dich schon mal hingesetzt und tagelang, wochenlang nichts getan? Ich dachte, ich würde verrückt! Ich, die immer in Aktion war. Die ihr Leben kontrollieren, alles in der Hand haben will, soll darauf vertrauen, dass die Türen schon von selbst aufgehen?
Warum blieben die Klienten also aus? Dazu durfte ich eine Tür in mir öffnen. Die Tür der Vergebung.

Vier Tage nach Muttertag hatte ich bei meiner Atemtherapeutin ein Coaching. Wir schauten uns in einem Gespräch die Kleine Heike an. Der Teil, der sich übersehen gefühlt hatte, der Teil, der meinte, dass er nicht gewollt sei. In meinen inneren Bildern sitzt sie in einer Ecke, dreht mir den Rücken zu. *„Lass mich in Ruhe!"*, schreit sie mich innerlich an. Und ich verbinde die Gefühle von damals mit heute. „Aha", denke ich, „deshalb kommen die Klienten nicht in meine Praxis. Wenn ich nach außen ausstrahle, dass sie mich in Ruhe lassen sollen, kommt auch keiner."
Es schmerzt mich im Herzen, die Kleine Heike so zu sehen. Ich würde am liebsten sofort hingehen und sie in den Arm nehmen und trösten. Doch es geht nicht. Ich bin wie gelähmt. Die Füße wollen nicht vorwärts gehen. Es steht etwas zwischen ihr und mir. Mein Vater. Oha, bin ich auf einmal sauer. Ganz viel Wut gegenüber meinem Vater ist da, und schon lege ich los. Ich beschimpfe ihn, dass er mich nicht beachtet hat, mich übersehen hat. Genauso hat meine Tochter sich gefühlt, als ich zu meinem ehemaligen Mann in die Küche kam und er sich mit mir unterhielt – zwei verschiedene Situationen, das gleiche Gefühl. Ich habe mich so allein, so einsam gefühlt. Als Kind konnte ich gut wahrnehmen, dass sich auch mein Papa oft allein gefühlt hat. Kinder nehmen die Gefühle der Eltern immer wahr. Sie haben ganz feine Antennen.
Jetzt wird mir klar, ja, ich kann es fühlen, dass wir zwei Seelen waren, die sich allein fühlten.
Doch das Gefühl der Einsamkeit schmerzte mich damals, und deshalb packte ich es in meinen Rucksack der ungefühlten Gefühle, griff meinen Papa an und machte ihn für meine Einsamkeit verantwortlich. Ich zog mich zurück und schmollte.

Mein Papa hat sein Bestes gegeben. Das Gefühl der Einsamkeit war ja mein Gefühl. Durch diese Erkenntnis kommt Ruhe in meinen Körper. Jahrelang hatte ich einen Kampf mit meinem Papa geführt. Ich wollte ihn mit meinem Rückzug bestrafen dafür, dass er mich – wie ich es wahrgenommen hatte – übersehen hat. Dabei habe ich mich am meisten bestraft, indem ich mein Herz für ihn verschlossen habe.
Mit dem Gefühl „Ich vergebe mir“ höre ich gleichzeitig auf, mit den Männern zu kämpfen. Denn: Das, was ich mit meinem Papa ausgefochten habe, habe ich unbewusst mit allen anderen Männern ausgefochten. Sie standen als Mann für meinen Papa, und ich habe die Kampf-Gefühle auf die Männer projiziert.

Danach gehe ich in meinen inneren Bildern auf die Kleine Heike zu, will sie in die Arme nehmen. Sie trösten. Fühle immer noch Schmerz. Ich bin viel zu schnell auf sie zugegangen. Ich habe sie dabei nicht beachtet. Ich als Große Heike halte den Schmerz kaum aus und möchte sie in meine Arme nehmen. Mit einer Umarmung jedoch gehe ich ins Tun und nehme meinen Schmerz dann nicht mehr wahr. Meinen Schmerz darüber, dass ich so wenig Zeit für mein Inneres Kind hatte. Doch das ist nicht das, was sie will. Sie will beachtet werden! Beachtet in und mit ihrem Schmerz. Ich sage ihr: „Ich kann dich gut mit deinem Schmerz sehen und fühlen!“, dann gehe ich einige Schritte zurück. Dabei bemerke ich, dass noch etwas zwischen uns steht. Meine Mama. In meiner Vorstellung kann ich sie auch nicht anschauen. Etwas nimmt mir den Atem. Aus meiner damaligen Einsamkeits-Not heraus wollte ich unbewusst ja immer noch die Aufmerksamkeit meines Vaters haben und drängte mich zwischen meine Eltern. (Erinnerst du dich an die Situation mit meiner Tochter am Muttertag?) Ich werde sauer und sage zu meiner Mama: „Du willst mir meinen Papa wegnehmen. Das lasse ich nicht zu. Der gehört mir. Du bist gar nicht gut genug für ihn. Du bist sowieso immer nur müde und erschöpft. Du kannst ihm gar nicht das geben, was er haben will!“

Ich merke, dass hier die Rollen vertauscht sind. Die Kleine Heike übernimmt die Rolle, sich um alles im Haus zu kümmern, wenn die Mama müde und erschöpft ist. Sie hat sich als Kind zu groß gemacht, sich auf die Ebene der Mama gestellt, obwohl sie ein Kind von drei Jahren ist. Und mir kommen die Tränen, bemerke ich doch jetzt, dass ein Teil von mir aufgehört hat, Kind zu sein. Und ich verspüre gleichzeitig ein anderes Gefühl: „Es tut mir leid, Mama! Es tut mir leid, dass ich mich zwischen dich und Papa gedrängt habe."

Ich war damals drei Jahre. Achtunddreißig Jahre später erlebe ich mit meiner Tochter noch einmal das Gleiche. Ich bin meiner Tochter dankbar, dass sie mir meine damalige Situation gespiegelt hat. Durch meine Heilung kann auch sie Heilung finden und ihre eigentliche Rolle wieder übernehmen: Kind sein!

Gespiegelt heißt: Mein Gegenüber (Partner, Kinder, Freundin, Arbeitskollegin usw.) ist ein Spiegel für mich, da er mir ein Muster aufgezeigt hat, das ich auch kenne. Ich schaue in den Spiegel-Menschen und erkenne mich selbst.
Dein Gegenüber bringt all das in dir hoch, was noch nicht gefühlt und somit noch nicht liebevoll von dir angenommen wurde. Deshalb endet eine Meinungsverschiedenheit häufig in einen Streit und somit in den Angriff, das Unverständnis, die Wut, die Trauer usw. Wenn das so ist, sind einige Gefühle noch nicht liebevoll angenommen worden. Denn sonst könnte dein Gegenüber dich niemals so auf die Palme bringen.

Ein Beispiel. Mein Ex-Freund sagt zu mir: „Nie hast du Zeit für mich! Immer bist du mit deinen Freundinnen unterwegs." (Du erinnerst dich? „Immer" und „Nie" sind Wörter, die Kinder sagen.)
Ich fühle mich angegriffen und gehe in den Gegenangriff. „Das stimmt doch gar nicht! Wir machen doch auch etwas zusammen!"
Mein Ex-Freund: „Das stimmt nicht."
Usw., usw.. Damit ist der Streit in vollem Gange. Keiner von uns beiden fühlt sich gesehen oder gehört.

Hätte er von seinem Gefühl gesprochen und gesagt, dass er sich allein fühlt und das Gefühl hat, dass ich ihn nicht mehr lieb habe (denn so hat er es wahrgenommen), wäre ich darauf gekommen, dass es mir genauso ging. Und um meine Einsamkeit und mein Ungeliebtsein nicht zu fühlen, verabrede ich mich mit meinen Freundinnen. Es ist jedoch die Kleine Heike, die sich einsam und ungeliebt fühlt. Und wenn ich dann zu meinem Rucksack gehe, liebevoll meine Erinnerung an Einsamkeit und Ungeliebtsein herausnehme und sie mir anschaue und fühle, verwandeln sich diese Gefühle automatisch in Liebe. In Selbstliebe.

Nehmen wir also an, ich schaue in den Rucksack und arbeite meine Erinnerung auf, und dann sagt mein Ex-Freund diese Sätze zu mir. Dann kann ich ganz anders darauf eingehen. Ich fühle mich nicht mehr angegriffen und kann sagen: „Es tut mir leid, dass du dich einsam und ungeliebt fühlst." Und weißt du, was dann bei meinem Ex-Freund passieren könnte? Sein Inneres Kind würde sich entspannen, sich gesehen fühlen. Und mal ehrlich, wollen wir nicht alle gesehen werden mit dem, was gerade ist?
Es würde nicht zum Streit kommen. Ich würde mein Bedauern über sein Gefühl ausdrücken, und wir könnten gemeinsam überlegen, wie wir zu einer Lösung gelangen.

Je mehr du dir deine Muster bewusst machst und sie liebevoll fühlst und annimmst, desto mehr kommst du in deine Selbstliebe. Mit deiner Selbstliebe kannst du dir deinen Seelenpartner, deinen Job, deine Gesundheit und deine Fülle kreieren. Und das ist doch dein Ziel! Glücklich zu sein.

Damit du deinem Ziel näher kommst, wird es Zeit langsam eine Beziehung zu deinem Inneren Kind aufzubauen. Auf der nächsten Seite habe ich eine Übung für dich. Viel Spaß damit!

Für alle Übungen in meinem Buch gilt: Falls du eine Übung lieber mit mir machen möchtest, statt mit dir oder einem Partner deiner

Wahl, schreibe mir eine E-Mail und buche ein privates Coaching-Gespräch. Ich nehme dich gerne an die Hand und begleite dich.
info@heikefischer.org

Übung mit dem Inneren Kind

Kleine Heike: *„Die Übung find' ich gut. Da kann ich mit dir sprechen. Das ist meine Zeit."*

Ich: „Ja. Ich freue mich auch darauf."

Ich gehe davon aus, dass du noch keinen bewussten Kontakt zu deinem Inneren Kind hast und möchte dich um Geduld bitten.

Nimm dir täglich einige Minuten Zeit. Vereinbare mit dir selbst einen Zeit- und Treffpunkt. Stelle dir die vereinbarte Zeit auf einem Wecker oder einer Eieruhr ein. Fange klein an, fünf oder zehn Minuten täglich reichen erst einmal aus. Du kannst die Zeit immer noch steigern.
Lege oder setze dich bequem hin. Falls du mit Musik besser entspannen kannst, tue auch das. Probiere es aus.

Fange ein inneres Gespräch mit dir an:
„Hallo, Kleine .../Hallo, Kleiner ...". Nenne deinen Vornamen. „Wie geht es dir?" Dann höre zu, was das Kind zu sagen hat, indem du dich zurückhältst und nach innen lauschst. Nimm wahr, was auftaucht, auch wenn es dir zunächst unverständlich erscheint. Es kann sein, dass dein Kind traurig ist und Trost braucht. Es kann sein, dass dein Kind fröhlich ist, mit dir auf den Spielplatz will und schaukeln möchte. Es kann sein, dass dein Kind wütend ist und alles kurz und klein schlagen möchte. Es kann sein, dass es Vorwürfe hagelt. Es kann sein, dass es mit dir kuscheln möchte. Und es kann sein, dass nichts passiert.
Falls nichts passiert, sei geduldig mit dir. Das Kind in dir darf erst Vertrauen zu dir aufbauen. Du bist für das Kind eine fremde Person. Läufst du als Erwachsene auf fremde Menschen zu und erzählst ihnen etwas Privates? Es kann sein, dass das Kind viel Angst hat und schüchtern ist. Dass es erstaunt ist, von dir zu hören. Abwarten. Probiere es am nächsten Tag noch einmal. Und danach noch einmal. Das Kind wird sich melden.

Falls in dir ein Gefühl, ein Gedanke, ein Bild auftaucht, nimm genau das als Signal deines Inneren Kindes. Und dann möchte ich dich bitten, eine Entscheidung zu treffen. Falls dein Kind Trost benötigt, kuscheln möchte, wütend ist: Bist du bereit, deinem Kind all das zu geben? Wenn in dir ein Nein aufsteigt, akzeptiere es bitte und sei liebevoll mit dir selbst. Halte deine eigenen Grenzen ein. Es wird einen Grund haben, warum es so ist, wie es ist. Und frage dich, was es dir schwer macht, dem Kind das zu geben, was es sich wünscht. Nimm wieder die erste Antwort, die in deinen Kopf schießt. Und akzeptiere wieder diese Antwort, liebevoll.

Egal was dir das Kind mitteilt, denke immer daran, all das hast du schon
erlebt und auch überlebt.
Es sind Erinnerungen, die geheilt werden möchten.
Wenn du dein Inneres Kind entdeckst, kannst du Frieden mit ihm schließen, für ein glücklicheres Leben.

Um dir diese Übung zu verdeutlichen,
findest du mit diesem QR-Code
ein Video auf YouTube.

Angst und Vertrauen: Passt das zusammen?

Ich: „Ich würde gern über Angst schreiben. Bist du damit einverstanden?"

Sie ist ganz leise zu vernehmen.

Kleine Heike: *„Die kenn' ich gut."*

Ich: „Möchtest du auf meinen Schoß klettern und dich ankuscheln?"

Die Kleine Heike nickt und klettert auf meinen Schoß. Es ist ganz still in mir. Ich werde traurig. Mir wird kalt. Ich merke, dass die kleine Maus noch Zeit braucht, lehne mich zurück und warte.
Sie fängt an zu weinen.

Kleine Heike: *„Als ich klein war, da durfte ich keine Angst haben. Die Kinder haben gelacht, und die Großen konnten damit nicht umgehen. Ich hab' mich dann in mein ‚Herzhaus' zurückgezogen, ganz tief in mir drin. So konnte mich keiner sehen mit meiner Angst. Und ich hatte viel Angst. Vor Wespen hatte ich sooooo eine große Angst! Und ich sollte immer stillhalten. Doch das konnte ich nicht. Und dann hieß es immer, ich soll mich nicht so anstellen, und dann bin ich ausgelacht oder ausgeschimpft worden. Dann bin ich weggelaufen, in mein Herzhaus."*

Ich weine mit ihr.

Kleine Heike: *„Und ich hatte auch ganz große Angst vor Menschen. Die wollen immer etwas von mir. Ich sollte still sein und artig. Das konnte ich auch nicht. Meine Schwester konnte das. Das war schlimm für mich zu sehen, dass ich es nicht konnte."*

Mittlerweile schluchzt die Kleine in meinen Armen. Ihre Angst, nicht gut genug zu sein, ist riesengroß.

Kleine Heike: *„Ich war so anders als die anderen Kinder! Das machte mir auch Angst."*

Ich: „Du darfst anders sein."

Kleine Heike: *„Wer sagt dir, dass ich das darf?"*

Ich: „Ich sage dir das. Jetzt bin ich Mama und Papa für dich, und ich gebe dir die Erlaubnis, anders zu sein. Weißt du, ich liebe deine Lebendigkeit. Die fühle ich so gerne in mir. Ich liebe deine Betriebsamkeit. Du bringst mich zum Joggen und dazu, dass wir gemeinsam auf den Spielplatz gehen und schaukeln."

Kleine Heike: *„Ja, das ist toll! Letztes Mal haben wir ganz hoch geschaukelt. Das war ganz komisch in meinem Bauch."*

Ich: „Ja, das stimmt. Und deine Neugierde liebe ich besonders. Die lässt uns im Urlaub immer in den Kurven noch einmal um die Ecke schauen."
Kleine Heike: *„Ja, da gibt es dann ja auch noch so viel zu sehen!"*

Ich: „Geht es dir jetzt besser?"

Kleine Heike: *„Ja. Ach, es ist so schön mit dir! Gut, dass wir uns gefunden haben."*

„Sei stark. Steh' Deinen Mann, steh' Deine Frau. Funktioniere. Angst ist was für Schwache. Sei kein Weichei. Angst brauchst du nicht. Die bringt dich nicht weiter im Leben." Viele Sätze, die so viel in uns bewirken.

Angst ist Abwesenheit von Liebe. Soll heißen: Wenn ich oft negativ denke und spreche, mir nichts zutraue, Angst vor der Zukunft habe, habe ich Angst in meinem Herzen und kann das Gute, was mir das Leben schenken möchte, nicht sehen. Angst macht, dass unser Herz eng und kalt ist, statt wie bei der Liebe weit, warm und weich.

Wenn ich Angst und Enge fühle, reagiere ich in Situationen ganz anders, als wenn ich in der Liebe bin, mit einem offenen Herzen.

Hättest du mich vor zwanzig Jahren gefragt: „Was ist Angst und wie fühlt sich diese an?“, hätte ich mit den Achseln gezuckt und gesagt: „Weiß ich nicht.“
Bevor ich vor sechzehn Jahren meine Atemausbildung anfing, hatte ich meine Gefühle – wie die Kleine Heike schon erwähnte – schön luftdicht in mein „Herzhaus“ verpackt. Ich habe bis dahin super funktioniert. Alles lief gut. Geradezu perfekt. Ich war verheiratet, hatte ein Kind, zwei Autos und ein Haus.

Im ersten Ausbildungsjahr war ich nur im Widerstand. Lief unbewusst mit dem Stinkefinger in der Hosentasche durch die Ausbildung. „Ach, ihr könnt mir doch gar nichts! Was wollt ihr denn von mir?“ Damals hatte ich nicht begriffen, dass „die“ gar nichts von mir wollten, sondern ich etwas von ihnen. Ich wollte gesehen werden, mit all dem, was mich ausmacht. Mit meiner Angst, meiner Wut, meinem Hass und mit meinem Widerstand.

Im zweiten Ausbildungsjahr wuchs mein Vertrauen in die Arbeit der AusbilderInnen. Ich wagte es, mich ein klein wenig zu öffnen. Mehrmals stand ich – bildlich gesehen – am Abgrund und durfte mich entscheiden: Geh ich durch das Gefühl durch, oder lass ich es? Mit viel Hilfe der Gruppe und der TherapeutInnen bin ich durch Gefühle hindurchgegangen, bei denen ich dachte: „Die habe ich noch nie gefühlt.“ Ich hatte sie verdrängt. Unbändige, nackte Angst, die mir fast den Atem nahm und mich aufschreien ließ, Verzweiflung und Wut, die sich hart in mir anfühlten, tiefe Trauer, die mich ins Mark getroffen hatte.

Das klingt vielleicht erst einmal abschreckend, doch: Je mehr ich in Kontakt mit meinen verdrängten Teilen und Gefühlen ging, desto mehr wuchs mein Vertrauen in mich. Je mehr ich mich meiner Angst annahm und mir die Erlaubnis gab: „Ich darf ängstlich sein“, desto mehr machte sich Freude in mir breit.

Diese Erfahrung konnte auch eine Klientin von mir machen, die mir erzählte, dass sie keine Freude mehr am Skifahren hatte, da sie vor einiger Zeit gestürzt war. Die Angst erzählte ihr, dass sie wieder stürzen und mit einem gebrochenen Arm nach Hause fahren würde. Dann würde sie bei der Arbeit ausfallen – und so weiter.
Der nächste Skiurlaub stand vor der Tür, und ich fragte sie, ob sie bereit wäre, etwas auszuprobieren. Sie stimmte zu. Ich riet ihr Folgendes: „Wenn du dich auf die Skier stellst, stell dir vor, du nimmt deine Angst mit. Stell sie zwischen deine Beine und sei dir ganz bewusst, dass du deine Angst mitnimmst. Rede ihr gut zu, wie einem kleinen Kind." Nach dem Urlaub fragte ich sie, wie das Skifahren war. „Großartig, ich bin gefahren wie ein junger Gott! Ich habe die Angst zwischen meine Beine auf die Skier gestellt und bin los. Es war super!" Sie hatte das getan, was ihr am schwersten fiel: Sie hatte ihre Angst angenommen, sich ihr liebevoll gestellt.

Ein weiteres Beispiel:
Eine andere Klientin erzählte mir, dass sie nachts unter Angstzuständen litt. Diese äußerten sich in Atemnot, Schweißausbrüchen, Unruhe, Schlaflosigkeit.
Obwohl sie Medikamente zur Beruhigung nahm, wurde es nicht besser. Die Angst, „nicht zu wissen, was mit mir los ist und durch den Schlafmangel den Alltag nicht mehr zu schaffen", bedrückte sie. Ich riet ihr, sich ein Angst-Schaf zu kaufen. Ein kleines Stofftier, das sie mit ins Bett nimmt und jedes Mal, wenn die Angst kommt, in die Arme schließt und dem Schaf erzählt, wie sie sich fühlt. Durch die Projektion war sie nicht mehr die Angst, sondern konnte sich wahrnehmen als erwachsene Frau mit Angst.
Diese Frau ist dreiundsiebzig Jahre alt und hat sich ein Stoff-Schaf gekauft. Sie hat meiner Idee Raum gegeben. Und sie war begeistert.

Ich möchte dich ermutigen, dich liebevoll deinen Angst-Gefühlen zu nähern. Vorsichtig, spielerisch, neugierig.
Was du auch in deinem Leben erlebt hast, du hast es überlebt. Du hast Strategien entwickelt, die dich überleben lassen. Jetzt, wo du

dieses Buch in der Hand hältst, bist du auf der Suche nach Lösungen.
Nimm die Angst in die eine Hand und den Mut in die andere, und gehe weiter.
Du kannst mich gern in Gedanken mitnehmen! ☺

Ich rede nicht von der Angst, die Vorsicht heißt. Ich rede von der Angst, die uns lähmt, in Situationen vorwärts zu gehen.
„Ich gehe abends nicht auf die Party, weil ich dort vielleicht nicht willkommen bin und weil ich keinen Menschen dort kenne."
„Ich gehe abends nicht alleine ins Kino, weil die Leute denken könnten, ich hätte keinen Partner."
„Ich rufe meine Freunde nicht an, weil ich Angst vor Ablehnung habe."

Dies sind Ängste, die uns hemmen, neue Erfahrungen zu machen.
Vor einiger Zeit hatte ich die Idee, in einem Hotel in der Nähe meiner Wohnung mobile Massagen anzubieten. Es ist ein sehr nobles Hotel, und ich schlich immer wieder mit dem Gedanken ums Hotel: „Ach, die wollen mich bestimmt nicht!". Dann erstellte ich Flyer, steckte sie in die Tasche – und schlich weiter um das Hotel herum. Nach zwei Wochen endlich fasste ich mir ein Herz und fragte nach dem Manager, der tatsächlich Zeit für mich hatte! Er begrüßte mich herzlich, lud mich auf ein Getränk ein und fragte nach dem Grund meines Besuchs. Ich erzählte ihm von meiner Idee, und er sagte mir, dass sie bereits jemanden hätten, der ins Haus kommt. Er sei jedoch gern bereit, meine Flyer auszulegen. Nach einer halben Stunde verabschiedeten wir uns voneinander.
Ich war unglaublich glücklich, eine so schöne Erfahrung gemacht zu haben. Er hatte nicht mit einer Silbe gesagt, dass er mich nicht wollte. Im Gegenteil, er nahm sich Zeit! Ich fühlte mich willkommen. Wäre ich meiner Angst gefolgt, hätte ich diese schöne Erfahrung nicht machen können. Ich hätte den wunderschönen Garten dieses Hotels nicht gesehen. Mir wäre wirklich etwas entgangen.
Wo war mein Problem? Ich hätte „Nein, Danke" als eine persönliche Ablehnung empfunden. Und das, obwohl dieser Manager mich gar

nicht kannte. Und warum hätte ich es als Ablehnung empfunden? Weil ich irgendwann in meinem Leben eine solche Erfahrung gemacht hatte, die mein Gehirn als schmerzvoll abgespeichert hat und mich vor einer ähnlichen Erfahrung schützen wollte. Jetzt hatte ich eine neue Erfahrung gemacht und meinem Bewusstsein eine neue Pille zu schlucken gegeben. Ich gehe auf Menschen zu und bin willkommen. Toll! Das habe ich dann gleich noch ein paar weitere Male ausprobiert, damit diese Erfahrung sich auch positiv in meinem Gehirn und in meinem Körper abspeichern konnte.
Gönne dir kleine Mutproben, damit du an neuen, positiven Erfahrungen wachsen kannst. Und auch hier: Bitte positiv denken! Wenn du mit dem Gedanken losgehst: „Ach, so ein Quatsch! Mutprobe! Das klappt doch nie!“, dann lasse es lieber – dann klappt es auch nicht. Sei überzeugt davon, dass diese Mutprobe für dich positiv ist. **Glaube an dich.** Wenn du nicht an dich glaubst, wer sollte es dann tun? In der Außenwelt passiert nur das, was wir uns denken. Wir schicken unsere Gedanken in die Welt, und die Welt reagiert darauf.

Nun höre ich dich schon sagen: „Ja, aber das ist doch auch so! Wie oft ist es schon passiert, dass ich gesagt habe: ‚Siehst du, ich hab' es doch gewusst!‘?" Und es stimmt. Du hast ja auch den Gedanken in die Welt gesendet, und er wird dir dann bestätigt. Was macht es so schwierig, positive Gedanken in die Welt zu schicken? Wir sind es nicht gewohnt, positiv zu denken und glücklich zu sein!
Und da wir es nicht gewohnt sind, positiv zu denken, darfst du geduldig mit dir sein. Die Angst will weiterhin gehört werden, und der Skeptiker will weiterhin seine Bedenken anmerken wollen. Unser Gehirn ist darauf spezialisiert, uns mit Kampf oder Flucht durch schwierige Situationen im Leben zu bringen. **Dass es uns gut gehen darf und wir glücklich sein dürfen, können wir lernen.**

Innere Gewohnheiten zu durchbrechen bedeutet, beharrlich Neues zu trainieren. Ansonsten zieht der Innere Schweinehund an der Kette mit den Worten: „Ach, lass die Heike doch reden. Uns ging es doch ganz gut, morgens so muffelig!“

Also: raus aus den alten Schuhen, rein in die neuen Schuhe!
Und sei liebevoll mit dir. Neue Gewohnheiten wollen erlebt und gelebt werden. Immer und immer wieder. Bis sie natürlich sind, bis sie passieren, ohne dass du darüber nachdenken musst. Alte Gewohnheiten haben sich eingeschlichen, sie waren nicht von jetzt auf gleich bei dir.
Mache zum Beispiel einen „Verkehrtherum-Tag". An diesem Tag wird dir bewusst, welche Handlungen du wie machst. Oder kannst du mir jetzt sagen, mit welchem Bein du zuerst in deine Hose steigst? Rechts oder links? Musstest du darüber nachdenken?
Statt dir mit rechts die Zähne zu putzen, putze sie mit links. Statt zuerst den rechten Schuh anzuziehen, ziehe zuerst den linken an. Vor Jahren habe ich diesen Tag mit meiner Tochter gemacht. Wir hatten viel Spaß dabei. Probiere es aus! Es lohnt sich.
Was hat das Ganze mit Angst zu tun? Die Angst vor Veränderung in uns ist riesengroß.
Und du willst doch Veränderungen – oder?
Mahatma Gandhi sagte: „Sei du die Veränderung, die du dir für die Welt wünscht."
Ich sage: „Sei du die Veränderung, die du dir in deinem Leben wünscht." Um einen Seelenpartner oder einen neuen Job zu finden, brauchst du die Bereitschaft für eine Veränderung.

Mit der nächsten Übung darfst du dich behutsam an deine Angst

herantrauen.

Meine Kritikerin meldet sich zu Wort: *„Mann, Mann, Mann. Da hat sie sich ja lang und breit drüber ausgelassen. So ein bisschen Angst! Die kann man auch auf dem Papier ganz groß werden lassen. Das hätte Heike doch auch in einem Satz sagen können: Angst wird angenommen – und fertig. Geht doch!"*

Perfektionistin: *„Sag' mal, spinnst du?! Ich will das bei Heike auch alles richtig machen. Nicht so larifari! Das soll alles Hand und Fuß haben"*

Antreiber: *„Können wir mal weiter machen? Sonst sitzen wir Weihnachten noch hier. Und wir haben jetzt Sommer!"*

Kritikerin: *„Sag' ich ja, das dauert alles viel zu lange. Und trotzdem darf ich ja wohl noch mal zu Wort kommen. Ganz am Anfang des Buches hat Heike doch geschrieben, dass sie das Buch mit uns schreibt. Und hey, ich hab' mich schon total zurückgehalten! Und jetzt hat sie auch noch Übungen in das Buch geschrieben. Die will doch keiner machen! Die Menschen wollen zwar glücklich sein, aber das soll mit einem Fingerschnipp gehen. Die wollen keine Übungen machen!"*

Perfektionistin: *„Tja, so einfach ist das leider nicht. Die Macht der Gewohnheit ist riesig groß. Hat sie doch auch schon geschrieben. Die alten Schuhe müssen weg."*

Kritikerin: *„Na, dann schmeißt man sie in die Mülltonne und kauft sich neue!"*

Perfektionistin: *„Das ist wieder typisch für dich! Und wenn du Zeit brauchst, um neue zu finden, und die alten sind schon in der Mülltonne? Läufst du dann barfuß durch den Regen zum Einkaufen?"*

Ich: „Darf ich jetzt weitermachen?"

Kritikerin (zähneknirschend): *„Ja-a."*

Perfektionistin: *„Ich bin zu allem bereit."*

Antreiber: *„Na, dann mal los!"*

Angst-– oder besser gesagt: Mut-Übung

Bei den folgenden Übungen suche dir eine Person aus, der du vertraust. Es kann der/die eigene Partner/Partnerin sein, das muss jedoch nicht so sein. Du kannst diese Übung auch allein mit dir vor einem Spiegel machen und dir dabei in die Augen schauen.

Partnerübung

Setze dich deinem Partner gegenüber.
Schaut euch in die Augen, atmet bewusst tief ein und aus. Jeder bekommt vier Minuten, seine Ängste auszusprechen. Einer spricht, der andere hört zu. Einer fängt an mit dem Satz: „Eine Angst, die ich habe, ist ...“.
Unsere Ängste vor jemanden auszusprechen erfordert viel Mut. Gib dir innerlich die Erlaubnis, mutig zu sein! Halte den Augenkontakt die ganze Zeit. Nimm dir Zeit, die Angst zu fühlen. Atme tief ein und aus.
Dann erzählt dir dein Partner/deine Partnerin von seiner/ihrer Angst.

Ein Beispiel:

Eine Angst, die ich habe, ist zu versagen.

Nimm durch die Nase einen tiefen Atemzug in den Bauch und lasse den Atem durch den leicht geöffneten Mund wieder heraus. Bei der Einatmung hebt sich die Bauchdecke, bei der Ausatmung senkt sie sich.
Gib dir die Erlaubnis, das Gefühl zu fühlen.

Eine Angst, die ich habe, ist, nicht geliebt zu werden.

Nimm durch die Nase einen tiefen Atemzug in den Bauch und lasse den Atem durch den leicht geöffneten Mund wieder heraus. Bei der Einatmung hebt sich die Bauchdecke, bei der Ausatmung senkt sie sich.
Gib dir die Erlaubnis, das Gefühl zu fühlen.

Eine Angst, die ich habe, ist es, krank zu werden.

Nimm durch die Nase einen tiefen Atemzug in den Bauch und lasse den Atem durch den leicht geöffneten Mund wieder heraus. Bei der Einatmung hebt sich die Bauchdecke, bei der Ausatmung senkt sie sich.
Gib dir die Erlaubnis, das Gefühl zu fühlen.

Sprich das aus, was dir einfällt, ohne zu überlegen. Einfach loslegen. Wenn dir nichts mehr einfällt, sagst du weiter:

Eine Angst, die ich habe, ist ...

und wiederholst diesen Satz:

Eine Angst, die ich habe, ist ...
Nimm durch die Nase einen tiefen Atemzug in den Bauch und lasse den Atem durch den leicht geöffneten Mund wieder heraus. Bei der Einatmung hebt sich die Bauchdecke, bei der Ausatmung senkt sie sich.

Und auf einmal kommt ein Impuls, und dir fällt etwas Neues ein, wovor du Angst haben.

Eine Angst, die ich habe, ist, dass meine Mama stirbt.

Nimm durch die Nase einen tiefen Atemzug in den Bauch und lasse den Atem durch den leicht geöffneten Mund wieder heraus. Bei der Einatmung hebt sich die Bauchdecke, bei der Ausatmung senkt sie sich.
Gib dir die Erlaubnis, das Gefühl zu fühlen.

Nach vier Minuten wechselst du, lasse die andere Person sprechen und höre zu.
Bleibt die ganze Zeit im Augenkontakt. Atmet bewusst tief ein und aus.

Danach veränderst du den Satz in **Ich bin bereit**, ...

Auch hier ein Beispiel:

Ich bin bereit, mein Herz zu öffnen.

Nimm durch die Nase einen tiefen Atemzug in den Bauch und lasse den Atem durch den leicht geöffneten Mund wieder heraus. Bei der Einatmung hebt sich die Bauchdecke, bei der Ausatmung senkt sie sich.
Gib dir die Erlaubnis, das Gefühl zu fühlen.

Ich bin bereit zu vertrauen.

Nimm durch die Nase einen tiefen Atemzug in den Bauch und lasse den Atem durch den leicht geöffneten Mund wieder heraus. Bei der Einatmung hebt sich die Bauchdecke, bei der Ausatmung senkt sie sich.
Gib dir die Erlaubnis, das Gefühl zu fühlen.

Auch hier bekommt jeder vier Minuten Zeit, die Bereitschaft auszusprechen.

Nach der Übung bedanke dich bitte für das Vertrauen bei deinem Partner/deiner Partnerin. Und bedanke dich auch bei dir selbst, dass du dir und deinen Ängsten Zuwendung geschenkt hast.

Indem du dir deine Ängste eingestehst, machst du Platz für neue wunderbare Gefühle. Diese tollen Gefühle strahlst du aus und ziehst neue positive Erfahrungen und somit neue wundervolle Menschen in dein Leben.

Um dir diese Übung zu verdeutlichen,
findest du mit diesem QR-Code ein Video
auf YouTube

Nachdem du so mutig warst, dir deine eigenen Ängste einzugestehen, darfst du auf den nächsten Seiten noch einmal mutig sein.

Die liebe Not mit der Wut

Wütende Heike: *„Ha, jetzt komme ich dran!“*

Ich: „Was willst du uns denn erzählen?“

Wütende Heike: *„Dass ich, als ich klein war, viel Wut hatte.*
Ich war wütend darüber, dass mein Bruder geboren wurde.
Ich war wütend darüber, dass ich nicht im Kindergarten war.
Ich war wütend darüber, dass ich in die Schule musste. Diese doofe Schule!
Ich war wütend darüber, dass ich nicht das machen konnte, was ***ich*** *wollte.*
Ich war wütend darüber, dass ich ungerecht behandelt wurde.
Ich war wütend darüber, dass ich nicht wütend sein durfte.
Ich war wütend darüber, dass ich ... dass ich ...
Ich war so wütend!“

Ich: „Ja, das sehe ich gut.“

Meine Mama wollte glückliche Kinder, und glückliche Kinder waren weder traurig noch wütend. Das habe ich als Kind gespürt. Sie hat nie gesagt: „Du darfst nicht wütend sein.“
Wohin denn dann mit der Wut? Also habe ich meine Wut heruntergeschluckt!

Alles, was wir herunterschlucken, belastet unsere Seele. Macht sie krank. Die Seele spricht nicht und teilt sich über unseren Körper mit. Vielleicht kennst du folgende Sätze:
„Das schlägt mir auf den Magen.“
„Mein Magen fühlt sich wie ein Stein an.“
„Mir kommt gleich die Galle hoch.“
„Ich habe eine schwere Last auf meinen Schultern zu tragen.“
„Es geht mir an die Nieren.“
„Mein Rücken fühlt sich an, als würde er durchbrechen.“
„Mir schwillt die Krawatte an.“
„Ich habe Füße wie Blei.“

"Mein Herz ist eng!"
„Ich habe einen Frosch im Hals." Na, raus damit!

Wut ist ein Gefühl, das viele Menschen gut fühlen können. Wir rasten aus. Fangen an, Türen zu knallen, fangen an zu schreien. **Doch hinter der Wut sitzen meist noch andere Gefühle: Verzweiflung, Einsamkeit oder Trauer.** In dem Moment der Wut sind wir jedoch nicht in der Lage, das darunterliegende Gefühl wahrzunehmen. Wenn wir wütend sind, fühlen wir uns wenigstens stark und kraftvoll. Das ist häufig leichter auszuhalten, als sich verzweifelt, einsam oder traurig zu fühlen. Leider nehmen wir uns abends auch nicht die Zeit, um noch einmal in diese Situation hineinzufühlen.

Manchmal braucht unsere Wut ein Ventil, damit wir fühlen können, was sich dahinter versteckt. Es gibt mehrere Möglichkeiten, seiner Wut Luft zu verschaffen, ohne dass du anderen Menschen damit wehtust. Auf den nächsten Seiten findest du einige Entschlackungskuren.

Ideen für Wut-Entschlackungen

Wenn du diese Übung liest oder gelesen hast, achte bitte genau auf deine Gefühle. Falls du beim Lesen ein ungutes oder gar schlechtes Gefühl hast, mache die Übung bitte nur in Begleitung mit einer Therapeutin, einer Freundin, im Einzelcoaching mit mir oder in meinem Seminar.

Weil meine Mama ein glückliches Kind wollte, schluckte ich meine Wut herunter. Mit der Wut schluckte ich auch meinen Selbsthass herunter, der mich angriff mit den Worten: „Du schaffst es nicht mal, deine Mama glücklich zu machen. Du bist zu nichts zu gebrauchen!"

Jetzt, im Erwachsenen-Alter, braucht es manchmal den Satz: „Ich gebe mir die Erlaubnis, wütend zu sein, traurig zu sein, so zu sein, wie ich bin."

Im Februar 2009 zogen meine Tochter und ich zu meinem damaligen Freund. Im Mai 2009 beendete er die Beziehung. Für mich kam das wie aus heiterem Himmel.

Der Boden brach mir unter den Füßen weg. Drei Wochen lang war ich unfähig, irgendetwas zu tun. Mein ehemaliger Mann musste sich um unsere Tochter kümmern. Ich stand unter der Dusche und fragte mich: „Wer duscht mich gerade? Wer trocknet mich ab? Wer föhnt mir meine Haare?" So sehr habe ich neben mir gestanden.

Nach einigen Wochen kam eine enorme Wut in mir hoch, und ich gab mir die Erlaubnis, meine Wut zu fühlen.

In dem Buch „Heilung und Selbstheilung durch Imagineering" von Dr. Heinrich Klaus fand ich die passende Übung für mich:

Ich sorgte dafür, dass ich allein war. Setzte mich auf mein Bett, ein festes Kissen vor mir. Dann stellte ich eine Eieruhr auf fünfzehn Minuten ein und schlug mit geballten Fäusten auf das Kissen. Immer feste drauf. In diesem Moment wurde das Kissen zu meinem Ex-Freund. Und ich beschimpfte ihn lautstark dabei. Tat das gut! Nach zehn Minuten hätte ich am liebsten aufgehört und machte dennoch

tapfer weiter. Immer drauf, immer drauf. Schweißgebadet war ich nach den fünfzehn Minuten.
Dann erzählte ich meinem Ex-Freund-Kissen, was mich verletzt hat. Ich teilte ihm meine Trauer, meine Verzweiflung mit. Auch das tat gut.
Danach schlug ich noch einmal fünf Minuten auf das Kissen ein. Und beschimpfte ihn wieder lautstark. Und ich konnte es kaum glauben: Es war tatsächlich noch Wut da!

Dann hörte ich mir fünf Minuten an, was mein Ex-Freund-Kissen mir zu sagen hatte. Ich hörte einfach auf die ersten Gedanken, die mir in den Kopf kamen. Konnte ich doch fühlen, wie schwer es ihm gefallen war, die Beziehung zu beenden, weil er mich nicht verletzen wollte – und noch vieles mehr.
Die Wut floss aus meinem Herzen heraus und machte Platz für Leichtigkeit und Vergebung.

Kindern kannst du eine Wut-Ecke im Wohnzimmer einrichten, zum Beispiel einen Korb mit Zeitungen, ein Handtuch mit einem Knoten oder Schreib- und Malutensilien.
Die Zeitungen werden mit den Kindern zusammen zerrissen. Lege mehrere Zeitungen übereinander und zerreiße diese mit Kraft und Spaß. Sei ein Vorbild. Zerreiße die Zeitungen, was das Zeug hält. Und sage laut dabei: „Ich bin wütend ... oh, ich bin so wütend!" Bleibe bei dir. Wenn du wütend über deinen Chef bist, beginne die Sätze mit: „Ich bin wütend über Herrn ... ,weil ... ,und das macht ... mit mir." Lache auch mal zwischendurch (wenn dir danach zumute ist), weine, lebe deinem Kind Gefühle vor. Lasse dein Kind die Erfahrung machen, dass Wut ein Gefühl ist. Punkt. Mehr nicht. Wir Menschen machen so viel Negatives daraus, weil wir nicht gelernt haben, damit umzugehen. Sei gut zu dir und lass deine Wut zusammen mit deinem Kind heraus. Es lernt, dass Wut sein darf. **Ist die Wut aus dem Bauch, wird Platz für ein anderes, schönes Gefühl da sein.** Leichtigkeit, Freude, Kraft. Nur Mut! Wut auf diese Weise herauszulassen tut dir nicht weh – und anderen Menschen auch nicht.

Aufgestaute Wut macht uns Menschen krank. Wir richten unsere Wut gegen uns selbst und fangen an, uns zu hassen.

Nachdem nun alle Zeitungen zerrissen sind, höre ich dich schon sagen: „Oh, Gott, wie sieht denn das Zimmer jetzt aus!"

Kleine Heike: *„Ja, du hast ja schon ganz oft mit den Kindern in deinen Kursen dieses Spiel gemacht. Ich hatte so viel Spaß dabei! Und wir haben so viel miteinander gelacht. Weißt du noch, wie dich einmal ein Junge mit den Zeitungen beworfen hat und immer schrie: ;Ich bin so wütend! Ich bin so wütend!'?"*

Ich: „Ja, das weiß ich noch. Wir standen uns wie zwei Kampfhähne gegenüber und haben uns angeschrien – und dann auch wieder gelacht."

Kleine Heike: *„Und dann hast du die Tüten verteilt, und alle haben einen Wettkampf daraus gemacht. Jeder wollte dir zuerst seine volle Tüte geben."*

Ich: „Ich erinnere mich noch gut daran."

Eine andere Variante, die Wut herauszulassen, könnte sein, dass du mit einem Tennisschläger oder einem Handtuch mit Knoten auf eine Matratze schlägst. Wie früher beim Teppichklopfen.
Mache bitte alle Wut-Übungen mit deinen Kindern zusammen! Schicke dein Kind nicht zum Wüten in sein Zimmer. Es braucht eine Anleitung, wie es das Ventil „Wut" öffnen kann.

Ich persönlich setze mich gerne ins Auto und schreie alles aus mir heraus oder gehe in den Wald, aufs Kornfeld oder eine Wiese.
Als eines Abends ein Streitgespräch zwischen meiner Tochter und mir aufkam und wir immer lauter wurden (und ich an die Nachbarn dachte), sagte ich zu meiner Tochter: „Stopp! Lass uns ins Auto gehen und eine Runde fahren. Dann können wir uns so richtig anschreien." Und das haben wir gemacht. Wir haben mehrere größere

Runden mit dem Auto um unsere Wohnung gedreht. Als ich dachte, dass wir fertig sind, fragte ich meine Tochter: „Und, fertig?“ Darauf sie: „Nein, dreh’ noch eine Runde!“ Danach kamen wir an unsere Gefühle, die sich hinter der Wut versteckten, und teilten sie uns mit. Es ging darum, nicht gesehen zu werden, um Angst und Schuld. Und meine Kritikerin meldet sich nun schon bei mir und möchte gleich etwas zum Thema „Schuld“ sagen.

Dies war ein Beispiel für eine Wut-Entschlackung. Danach ging es uns beiden besser!
Und ich liebe meine Tochter dafür, dass sie mir die Erlaubnis gab, dies zu schreiben.

Vielleicht hören sich meine Ideen für dich lächerlich an. Das macht nichts. Es darf sich lächerlich anhören. Gehe ins Tun, wenn du das Gefühl hast dass eine Idee dich anspricht. Ansonsten findest du gewiss noch eine andere Möglichkeit, deiner Wut freien Lauf zu lassen. Du darfst es mich gerne wissen lassen.

Über Schuld, noch einmal den Rucksack der Gefühle und die Kritikerin

Kritikerin: *„Ja, da kann ich jetzt mal was zu sagen!“*

Ich: „Nur zu.“

Kritikerin: *„Du gibst mir freiwillig das Wort? Das Lob ich mir! Die Schuld und ich sind gute Kumpels. Wir ergänzen uns so toll."*

Ich: „Wie meinst du das?"

Kritikerin: *„Nehmen wir mal das heutige Beispiel. Deine Tochter trifft sich mit mehreren Freunden zum Campen. Du bringst sie zum vereinbarten Treffpunkt. Kurze Zeit später ruft sie an, weil sie ihr Kopfkissen vergessen hat. Sie fragt dich, ob du ihr das Kissen bringen könntest. Du sagst nein. Sie möchte bitte fragen, ob noch jemand ein Kissen hat. Das ist der Fall. Du bist glücklich. Kurze Zeit später melde ich mich zu Wort: ‚Da hättest du ja noch hinfahren können! Jetzt muss sie auf einem Kissen schlafen, dass vielleicht viel zu hart ist.‘“*

Schlechte Mutter, gepaart mit Schuld: *„Oh, nein. Wie konnte ich vergessen, ihr das Kissen mitzugeben?“*

(Wohlgemerkt, meine Tochter ist siebzehn Jahre alt!)

Kritikerin: *„Siehst du, so geht das. Ein Satz von mir, und die Schuld ist perfekt.“*

Ich: „Ja, du hast recht. Es brauchte nur einen Satz. Und, bin ich zurückgefahren?“

Kritikerin: *„Nein. Ich hatte ja auch noch diesen Satz auf Lager: ‚Na, willst Du wieder springen, wenn deine Tochter dich ruft?‘“*

Ich lächele in mich hinein.

Ich: „Das war ein guter Satz. Denn genau das möchte ich vermeiden."

Schuld, Wut, Trauer, Verzweiflung – das alles sind Gefühle, die dich daran hindern, einen weiteren Schritt in deinem Leben zu gehen. Du verharrst in diesen Gefühlen. Nichts anderes ist mehr möglich.
Sage statt „Ich bin schuld daran, dass ..." lieber: „Ich habe die Verantwortung für ...".
Das schwächt dich nicht, und du kannst in deinem Leben weitergehen.

Ich hatte mich mit einem Freund verabredet und den Termin vergessen. Er rief mich an: „Ich bin in Münster. Wo bleibst du?" Und schon war da mein Schuldgefühl! Oh Gott, da stand er und wartete auf mich! Ist extra mit dem Fahrrad sechs Kilometer nach Münster gefahren! Und ich saß beim Abendbrot mit meiner Tochter und hatte ein ganz schlechtes Gewissen. Meine Tochter, damals sechs Jahre alt, sagte: „Mama, jetzt brauchst du dich auch nicht mehr schlecht zu fühlen. Er hat ja dort schon gestanden. Jetzt fährt Mark gerade nach Hause!" Ich sah meine weise Tochter an, und mir wurde klar, was sie soeben gesagt hatte. Stimmt! Es ist vorbei. O.k., ich habe die Wahl. Ich kann mich jetzt noch tagelang dafür verurteilen, was ich doch für ein schlechter Mensch bin, oder ich kann mich bei meinem Freund dafür entschuldigen und mit ihm einen neuen Termin ausmachen.
Ganz einfach! Tja, wäre da nicht der Rucksack mit meinen Erinnerungen und Glaubenssätzen, was ich doch wohl für ein schlechter Mensch bin. Also ran an den Rucksack, aufmachen, reinschauen, hineinfühlen. Und nachdem ich das getan hatte, konnte ich sehen, dass ich gar kein schlechter Mensch bin. Juhu!

Schuldgefühle – wie auch alle anderen Gefühle – können wir nur fühlen, wenn wir sie kennen. Das heißt – und auch das möchte ich noch einmal betonen –, jetzige Gefühle haben nichts mit dem Jetzt zu tun. Der Rucksack fängt an zu beben! **Eine Situation im Hier und Jetzt bringt uns die Möglichkeit, etwas aus der Vergangenheit zu**

heilen. Wir können unsere Vergangenheit nicht mehr ändern. Jedoch das, was wir aus unseren alten Erfahrungen mit in die Gegenwart nehmen, kann geheilt werden.
Heute weiß ich, dass mit der Beendigung der Beziehung durch meinen Ex-Freund 2009 mein Rucksack gesprengt wurde. Oder anders gesagt, der Deckel sprang vom Topf. Das Ventil für unsagbar viele Gefühle hatte sich mit einem Schlag geöffnet.
Vier Monate habe ich geweint, gefühlt, mit Gott gehadert. Oft dachte ich, dass mein Tränenkanal längst ausgetrocknet sein müsste. Und dann kam auch schon die nächste Tränenflut. Das Schöne daran ist: Ich habe es überlebt! Ich konnte fühlen, dass sich die Gefühle wirklich nur einen Weg gesucht haben, um aus meinem Körper herauszukommen. Und glaube mir, die meisten Gefühle hatten nichts mit der aktuellen Situation zu tun.
Da kamen die Wertlosigkeit und das Gefühl, versagt zu haben, die ich als Kind gefühlt hatte, wenn ich schlechte Zensuren mit nach Hause gebracht hatte.
Da kam das Sich-ungeliebt-Fühlen, wenn mein Bruder auf dem Schoß meiner Mama saß.
Da kam das Gefühl, nicht willkommen zu sein bei Männern, wenn ich als Kind das Gefühl hatte, dass mein Papa mich nicht wahrnahm.
Ich könnte noch unzählige Gefühle aufzählen. Und das Positive daran ist, je leichter mein Rucksack wurde, desto leichter wurde es in mir. Mein Bauch und mein Herz fühlten sich leichter an. Mein Herz hörte auf zu schmerzen, nachdem ich meine Wut an einem Kissen ausgelassen hatte. Ich fühlte mich leichter. Meine Lebensfreude kam langsam wieder zurück. Ich durfte mir noch einmal das sagen, was ich meinen Klienten sage: **„Wenn unterdrückte Gefühle gefühlt worden sind, machen sie Platz für schöne, neue Gefühle.“** Und es stimmt.
Meine Kraft kam wieder. Je mehr ich aus meinem Rucksack herausholte, desto mehr kam ich bei mir und in meiner Liebe an. Dafür bin ich meinem Ex-Freund dankbar. Denke ich weiterhin wütend und hasserfüllt an ihn, kann ich die Liebe zu mir auch nicht fühlen. Weil die anderen Gefühle die Macht über mich haben.

Übung: Schuld-Entladung und Vergebens-Ritual

Wir verändern die Angst-Übung von vorhin zu einer Schuld-Entladung und zu einem Vergebens-Ritual.

Schritt eins könnte sein, dass du diese Übung erst einmal mit dir selbst machst, damit dir bewusst wird, wann du dich schuldig fühlst.

Schritt zwei könnte sein, dass du dir deine Schuld vor dem Spiegel eingestehst, indem du dir in die Augen schaust.

Schritt drei könnte sein, du suchst dir eine Person aus, der du vertraust. Es kann der/die eigene Partner/Partnerin sein, das muss jedoch nicht so sein. Ihr sagt euch gegenseitig einige bewusst gemachte Schuldsätze. Hierbei setzt ihr euch gegenüber, schaut euch wieder in die Augen und atmet bewusst tief ein und aus. So wie du es bei der Angst- bzw. Mut-Übung schon gemacht habt.

Jeder bekommt vier Minuten Zeit, seine Schuld auszusprechen. Einer spricht, der andere hört zu. Einer fängt an mit dem Satz: „Ich fühle mich schuldig, weil ... ."
Gib dir auch hier wieder die Erlaubnis, die Schuld auszusprechen. Haltet die ganze Zeit Augenkontakt. Nimm dir Zeit, die Schuld zu fühlen. Atme tief ein und aus.

Ein Beispiel:
Ich fühle mich schuldig, weil ich die Beziehung zu meinem Freund beendet habe und sofort eine neue Beziehung eingegangen bin.

Nimm durch die Nase einen tiefen Atemzug in den Bauch und lasse den Atem durch den leicht geöffneten Mund wieder heraus. Bei der Einatmung hebt sich die Bauchdecke, bei der Ausatmung senkt sie sich.
Gib dir die Erlaubnis, das Gefühl zu fühlen.

Ich fühle mich schuldig, weil wir damals zu meinem Ex-Freund gezogen sind und meine Tochter nicht aus ihrer vertrauten Umgebung heraus wollte, es aber musste.

Nimm durch die Nase einen tiefen Atemzug in den Bauch und lasse den Atem durch den leicht geöffneten Mund wieder heraus. Bei der Einatmung hebt sich die Bauchdecke, bei der Ausatmung senkt sie sich.
Gib dir die Erlaubnis, das Gefühl zu fühlen.

Schuld bringt auch Scham mit sich. Falls du dich jetzt schämst, deinem Gegenüber diese Sätze zu sagen, nimm es wahr. Nimm deine Scham liebevoll an die Hand und erzähle es deinem Gegenüber trotzdem. Erleichterung darf sich in dir breit machen.

Jetzt bist du dran. Wofür fühlst du dich schuldig?

Nach vier Minuten wechselst du, lasse die andere Person sprechen und hören zu. Bleibt die ganze Zeit im Augenkontakt. Atmet bewusst tief ein und aus.
Danach veränderst du den Satz in **Ich vergebe mir, dass ...**

Ein Beispiel:
Ich vergebe mir, dass ich die Beziehung zu meinem Ex-Freund beendet habe und gleich eine neue Beziehung eingegangen bin. Ich habe mich damals so einsam gefühlt.

Nimm durch die Nase einen tiefen Atemzug in den Bauch und lasse den Atem durch den leicht geöffneten Mund wieder heraus. Bei der Einatmung hebt sich die Bauchdecke, bei der Ausatmung senkt sie sich.
Gib dir die Erlaubnis, das Gefühl zu fühlen.

Ich vergebe mir, dass ich meiner Tochter so viel Neues aufgebürdet habe.

Nimm durch die Nase einen tiefen Atemzug in den Bauch und lasse den Atem durch den leicht geöffneten Mund wieder heraus. Bei der Einatmung hebt sich die Bauchdecke, bei der Ausatmung senkt sie sich.
Gib dir die Erlaubnis, das Gefühl zu fühlen.

Jetzt bist du dran:

Ich vergebe mir, dass ...

Nach vier Minuten wechselst du, lasse die andere Person sprechen und hören zu. Bleibt die ganze Zeit im Augenkontakt. Atmet bewusst tief ein und aus.

Die Schuldfalle
Dann gibt es ja noch Sätze, die fangen zum Beispiel so an: „Du bist schuld daran, Mama, dass kein Kind mit mir spielen wollte! Weil ich mich nicht dreckig machen durfte, habe ich nicht mit den anderen Kindern gespielt. Deshalb hatte ich keine Freundin und fühlte mich ganz allein."
Gerne wälzen wir als Kind und auch als Erwachsener Schuld auf andere ab. Die Umstände sind schuld, die Person ist schuld, das Auto ist schuld, die Welt ist schuld – und dann schnappt die Falle zu, weil wir uns als Opfer fühlen.

Mache dir bitte Folgendes bewusst: **Du bist verantwortlich für dich und auch für deine Gefühle.** Nach so vielen Jahren der Selbsterfahrung durfte ich manchmal zähneknirschend feststellen, dass ich erst einmal mir selbst vergeben durfte. Mir vergeben: für meine Sichtweise. Denn ich wollte unbedingt Recht behalten. Und ich hielt mich tapfer daran fest. Und es fiel mir so schwer, mich zu entschuldigen! Wie gesagt, ich wollte Recht behalten. Doch es machte mich nur härter und entfernte mich von meinen lieben Menschen um mich herum.

Bei meinem Beispiel hat die Mutter nicht damit gerechnet, was ihre Ermahnung – das Kind soll sich nicht dreckig machen – bewirken würde. Sie sah nur die Mehrarbeit. Punkt. Das Opfer bleibt weiterhin das Innere Kind in uns.
Vergebung ist sehr heilsam für uns. Wenn ich jemandem grolle, ist der Groll ja nur in mir. Die andere Person hat eine ganz andere Sichtweise auf einen Konflikt als ich.

Nur für den Fall, dass du der Meinung bist, diese Übung sei nichts für dich: Hole den Groll, die Schuld und die Scham aus deinem Rucksack und verschaffe dir Erleichterung, indem du Vergebung übst, damit du immer besser über dich selbst denken und fühlen kannst. Denn in erster Linie geht es bei der Schuld oder bei der Vergebung um dich.
Puh, so, nach den ganzen Gefühlen jetzt wieder ein wenig Leichtigkeit für dich!

Vom Visualisieren und vom Umgang mit Körpersymptomen

Das Visualisieren kennst du schon im Zusammenhang mit den Affirmationen.
Du weißt, dass innere Bilder, Worte oder Gedanken eine enorme Kraft in uns haben. Wir können mit Worten heilen oder zerstören.

Ich gehe gern in gedanklichen Kontakt mit meinen Körperteilen. In meiner Vorstellung spreche ich mit meinen Organen, Sehnen oder Muskeln. Ich gehe in einen Dialog. Bilder und Gefühle kommen dazu. Ein Film entwickelt sich vor meinen Augen. Eine Vision.

Mit dem folgenden Beispiel möchte ich dich ermutigen, das Visualisieren auszuprobieren.

Ich bekam eine Schilddrüsenunterfunktion. Mein erster Gedanke war:
„Du musst für einige Zeit Tabletten nehmen. Du wirst sie wieder absetzen.“ Oh, ich wollte keine Tabletten nehmen! Meine Schilddrüse sollte einfach wieder gesund werden. Wieso machte sie denn so einen Ärger?!
Und ich weiß für mich, dass, wenn ich meinen Körper krank mache, ich ihn auch wieder heilen kann.
Also unterhielt ich mich mit meiner Schilddrüse. Ich kaufte mir eine Plüsch-Schildkröte, die diesen Platz einnahm, und setzte diese vor mich hin. Falls du denkst, jetzt dreht sie durch, dann denke das gern und lies weiter.

Ich unterhielt mich mit meiner Schildkröte. Sie erzählte mir von Unterdrückung, fehlendem Selbstwert, vom Nicht-Aussprechen, was ich fühle und denke. Sie weinte, ich weinte, wir weinten. Immer wieder ging ich gedanklich und bildlich zu meiner Schilddrüse. Gab ihr Aufmerksamkeit, Liebe, streichelte sie. Nahm die Tabletten. Es war ein Prozess von einem Jahr. Ich suchte mir eine Allgemeinmedizinerin, die mich dabei unterstützte, die Tabletten zu reduzieren und nach einiger Zeit ganz abzusetzen. Auch das war ein Prozess von mehreren Monaten. Und dann kam der Tag, an dem ich keine

Tabletten mehr nahm – bis heute. Das ist jetzt sechs Jahre her. Ich gehe immer noch zur Kontrolle und bin im Kontakt mit meiner Schilddrüse. Und lies noch einmal den ersten Gedanken, den ich hatte: „Du musst für einige Zeit Tabletten nehmen. Du wirst sie wieder absetzen."
Es war ein innerliches Wissen, das ich hatte! Ich wusste für mich, dass der Tag ohne Tabletten kommen wird. **Ich vertraute mir**.
Was habe ich getan? Ich habe meine Selbstheilungskräfte aktiviert. Ich kann keinem Menschen versprechen, dass es bei ihm genauso funktioniert. Jedoch möchte ich jeden auffordern, liebevollen Kontakt mit sich aufzunehmen, und falls du krank bist, weiterhin zum Arzt oder Heilpraktiker zu gehen und dir jemanden zu suchen, der dich auf diese oder ähnliche Weise unterstützen kann.

Auf den Palliativstationen höre ich häufig: „Dieser blöde Krebs! Der macht alles kaputt." Häufig möchte ich sagen: „Nein, es ist nicht der Krebs, der alles kaputtmacht." Viele Zeichen sind vor einer Krankheit da. Sich überarbeitet fühlen, unter Druck stehen, häufig für andere da sein, wenig Zeit für die Selbstfürsorge. Stress und negative Gefühle, die überhand nehmen. Ein ständiges sich selbst herunterputzen, Magenschmerzen, Rückenschmerzen, harte Muskulatur, Kopfschmerzen, sich Sorgen machen und noch mehr Sorgen machen. Der Körper, die Seele, sie schicken Signale. Wir überhören sie. „Das wird schon wieder", höre ich häufig. Wir Menschen gehen zum Arzt, nehmen Tabletten. Mit den Tabletten wird das Symptom erst einmal behandelt, nicht jedoch die Ursache. Der Körper lässt sich neue Schmerzen einfallen. **Schmerzen sind eine Aufforderung an uns: Schau hin.** Es ist etwas aus dem Gleichgewicht geraten.

Eine Klientin kam zu mir und hatte Verspannungen. Zusätzlich zuckte ihre Schulter unkontrolliert. Sie erzählte mir vom vielen Druck im Studium. Sie war gut drauf und lächelte zu Fragen, bei denen ich nicht gelächelt hätte. Als ich ihr sagte, dass sie hier nichts wegzulächeln brauche, fing sie an zu weinen. Das Zucken bereite ihr viel Stress. Wenn das nicht aufhöre, würde sie ihr Studium an den Nagel hängen müssen. „Ich will, dass das mit Tabletten weggeht!"

Sie wurde im Krankenhaus auf den Kopf gestellt, es wurde nichts gefunden. Doch sie bekam Tabletten.

Was machen kranke Menschen? Sie reden über ihre Krankheit. Die Person wird gefragt: „Wie geht es dir?“ Und dann wird erzählt, was die Krankheit alles mit einem macht. „Stell dir vor, durch diesen blöden Armbruch kann ich nichts mehr machen. Alles dauert länger, und dabei hab ich doch so viel zu tun!“ Sie könnte jedoch auch sagen: „Ich war in den letzten Monaten so mit der Arbeit beschäftigt, dass ich mich gar nicht mehr wahrgenommen habe. Der Armbruch lässt mir Zeit, zu mir zu finden, und ich werde – mit den ganzen Unannehmlichkeiten, die ich dadurch habe – die Zeit für mich nutzen und viel chillen.“

Die eigene Einstellung wird dementsprechend meine Gefühle beeinflussen. In dem Film „The Secret“ erhielt ich noch einmal die Bestätigung. Gezeigt wird eine Frau, die sich nach der Diagnose Brustkrebs ausschließlich mit ihrer Genesung beschäftigt hat. Minute für Minute, Tag für Tag. Sie stellte sich vor, ja, malte sich regelrecht aus, was sie macht, wenn sie wieder gesund ist, schaute sich lustige Filme an, lachte viel. Nach drei Monaten war sie genesen. Wunder? Gibt es immer wieder. Will ich die Krankheit oder die Genesung fördern?

Der Körper hat ein Bild von einem gesunden Körper. Unsere innere Heilkraft richtet sich nach diesem Bild aus.

Und mal ehrlich: Sich vorzustellen, gesund zu sein, macht doch viel mehr Freude, als in die Krankheit zu investieren, oder? **Das, was ich denke, ist meine Überzeugung und spielt eine wichtige Rolle. Alles, was ich meinem Körper hineingebe, kommt auch wieder heraus.** Positive Gedanken gehen hinein, positive Gedanken kommen wieder heraus.
Manchmal hört sich das, was ich schreibe, einfach an. Manchmal ist es auch einfach, manchmal schwer. Das, was ich denke, ist meine Überzeugung, und die spielt eine wichtige Rolle in meinem Leben:

Wenn ich glaube, dass es schwer geht, wird es auch so sein. Denke ich, dass es leicht geht, wird mir jede Hilfe zuteil werden, die ich benötige, um es leicht zu haben.

Zur Übung „Visualisieren“ gehören insgesamt drei Aspekte:

1. Ich habe ein Bild von dem, wie ich sein oder was ich verändern möchte.
2. Der neue Glaubenssatz. Der Glaube, dass dieser neue Zustand (Gewichtsabnahme, Gesundheit, Nichtraucher werden usw.) schon eingetroffen **ist.**
3. Das überwältigende Gefühl erleben, wenn dieser neue Zustand zum Ist-Zustand geworden ist. Fühle dich in das Bild hinein: „Ich habe drei Kilo abgenommen und will so bleiben, wie ich bin.“ Sehe dich im Spiegel mit flachem Bauch, straffem Po, dünneren Oberschenkeln usw. Fühle dich drei Kilo leichter. Klebe dir einen Zettel mit dem Wunschgewicht auf die Waage. Jedes Mal, wenn du dich auf die Waage stellst, sage zu dir: „Super, ich habe meine sechzig Kilo schon erreicht! Juhu!“ Gehe in das Gefühl der Freude.

Und dann kommt das, was Geduld braucht. Bleibe beharrlich bei deinem Gedanken. Glaube an dich selbst! Es ist ja schon passiert. Weißt du noch? **Erst ist der Gedanke da, dann kommt die Umsetzung.**
Dein Unterbewusstsein wird alles unternehmen, damit du die gewünschten Kilos abnimmst Sei es, dass du – aus heiterem Himmel – den Gedanken bekommst, Sport zu treiben, sei es, dass du auf einmal die Ernährung umstellst.

Übung: das Visualisieren üben

Es gibt Menschen, die sehen mit geschlossenen oder geöffneten Augen Bilder oder Szenen. Es gibt Menschen, die fühlen die Bilder. Es gibt Menschen, die denken sich Bilder.
Alles ist o.k.
Ich werde in der jetzigen Übung beim Wort „vorstellen“ bleiben. Ich bitte die Menschen, die sich Bilder denken oder fühlen, die Worte auszutauschen, zum Beispiel so: „Ich denke mir, dass ich drei Kilo abgenommen habe“ oder „Ich fühle es in meinem Körper, dass ich drei Kilo abgenommen habe“.

Suche dir einen Raum aus, in dem du ungestört bist. Schließe die Fenster. Sorge für Stille. Mache es dir bequem. Lege dich auf den Rücken. Lege dir ein Kopfkissen unter deinen Kopf. Wenn gewünscht, decke dich mit einer Kuscheldecke zu.

Nimm den Untergrund unter dir wahr. Wenn du bequem liegst, möchte ich dich einladen, die Augen zu schließen. Nimm einen tiefen Atemzug durch die Nase in den Bauch. Atme tief ein. Atme durch den leicht geöffneten Mund wieder aus. Wiederhole diese Übung sechs Mal. Tief in den Bauch einatmen, durch den leicht geöffneten Mund wieder ausatmen.

Stell dir vor, du hast eine Schale mit Erdbeeren vor dir stehen. Rote, saftige Erdbeeren. Dir läuft das Wasser im Mund zusammen. Freude macht sich in dir breit. Fühle intensiv die Vorfreude. Du schaust dir die Erdbeeren an und freust dich auf den Geschmack in deinem Mund. Du nimmst eine Erdbeere aus der Schale und riechst an ihr. Süßlich duftet es. Dann steckst du die wunderbare Erdbeere in den Mund und kaust genüsslich. Die Erdbeere schmilzt auf deiner Zunge. Mmh, lecker. Du greifst noch einmal in die Schale und holst dir eine zweite Erdbeere heraus. Auch diese Beere wird genüsslich und mit Freude verspeist.

Durch das Visualisieren stärkst du die bildliche Vorstellung, die du für das nächste Kapitel brauchst.

Positives Denken und was du damit tun oder lassen kannst – und was die inneren Stimmen dazu meinen

60.000 Gedanken pro Tag. Und? Kannst du mir nachmittags noch sagen, was du morgens gedacht hast?
Wie oft hörst du dich sagen, dass du dies nicht kannst, das noch erledigt werden muss, und wie du dich dafür kritisierst, dass du es noch nicht erledigt hast? Wie oft am Tag sagst du dir, dass du eine schlechte Mutter, ein schlechter Vater, eine schlechte Geliebte, ein schlechter Geliebter bist? Wie oft malträtierst du dich selbst am Tag? Wie oft gehst du streng mich dir ins Gericht?

Und schon meldet sich die Kritikerin: *„Ja, das bin ich! Ich bin so gut! Ich komme so oft zu Wort. Ich glaube, ich bin die stärkste Stimme bei Heike! Und es macht so viel Spaß, bei ihr zu sein. Sie hat verschiedene Taktiken drauf. Wenn ich zum Beispiel ganz aktiv bin und ihr sage, dass dies falsch ist oder jenes falsch ist, fängt sie an, die anderen Menschen in ihrer Umgebung zu kritisieren. Meistens sind es ja ihre Tochter und ihr Partner. Dann ist sie so unzufrieden mit sich, und das ist allein mein Verdienst! Ich kann das so weit treiben, dass sie heult. Nicht, dass ich will, dass es ihr schlecht geht, aber das ist nun mal mein Job. Kritisieren. Und das mache ich verdammt gut!*
Eine andere Taktik ist, dass sie sich zurückzieht. Dann rede ich so stark auf sie ein, dass sie ganz still wird. Dann sage ich noch: Du kannst das nicht. Du verdienst das nicht. Du bist zu blöd dazu, und es ist perfekt. Mittlerweile wird sie dann auch ganz traurig und weint. Hach, und manchmal kann ich das auch nicht so gut haben. Aber das kommt selten vor.
Na ja und dann hat sie die Taktik, dass sie zu mir spricht. Die finde ich ja am schönsten: ‚Ich hab' dich gut gehört, Kritikerin', sagt sie dann. Und ich fühl' mich super! Ich werde gesehen und gehört. Ich meine, was will ich denn noch mehr? Das ist das, was ich will! Ach, Heike, wir sind schon ein gutes Team!"

Und wie oft **lobst du** dich selbst?

Wenn wir erwachsen werden, erwarten wir insgeheim von den Menschen um uns herum (Partner, Mama, Papa, Freunde), dass sie uns sagen, wie toll wir sind. In der Verliebtheitsphase funktioniert das wunderbar. Da sagt uns der Prinz oder die Prinzessin, wie liebenswert, anmutig, schön und witzig wir sind. Verblasst die rosarote Verliebtheitsphase, werden wir innerlich wieder zu dem Aschenbrödel, das wir kennen. Doch es gibt eine Stimme in uns, die sagt: „Du musst mir sagen, wie schön ich bin, wie toll ich bin. Sonst fühle ich mich wie Aschenbrödel! Ich tu' auch alles dafür! Denn ich selbst kann mir das nicht sagen."
Wir fangen an, dem anderen einen Gefallen zu tun. Räumen seine/ihre Sachen aus dem Weg mit dem Gedanken: „Das hätte er/sie auch selbst machen können. Vielleicht sieht er/sie jetzt mal, was ich alles für ihn/sie mache. Dafür könnte er/sie mir auch mal sagen, was ich für ein/e tolle Frau/toller Mann bin." Wir bauen die Beziehung auf Erwartungen auf. Das Problem daran ist: **Erwartungen ziehen Enttäuschungen an.** Du hast dich getäuscht, wenn du glaubst, dass dein Partner/deine Partnerin auf einen Deal eingeht, zum Beispiel: „Ich räume für dich auf, und du sagst mir, dass ich das gut gemacht habe!"
Denn das Lob kommt oft nicht, und wir werden ärgerlich.
Oder das Lob kommt, und wir können es nicht annehmen: „Ach, das ist doch nicht der Rede wert!"

Wer kann dir nun ganz ehrlich ein Kompliment machen?

Genau! **Du** kannst dir ein Kompliment machen. **Du** kannst dir sagen, dass du ein wundervoller Mensch bist, liebevoll und geduldig, mit einer inneren Schönheit.

Kritikerin: *„Positive Gedanken, das wirkt doch nicht! Da lügst du dir ja selbst was in die Tasche! Im Grunde weißte ja, dass das nicht stimmt.„‚Ich bin schön so, wie ich bin. "' Da lach' ich doch! Schau noch mal auf deine Beine, meine Liebe ... ."*

Und dann gibt es Menschen, die sagen: „Positive Gedanken werden dein Leben verändern!“

Kritikerin: *„Ausgemachter Blödsinn!“*

Inneres Kind: *„Ich werde gerne gelobt. Das macht mich so einzigartig. Ich fühl' mich dann ganz toll und hab' das Gefühl, ich bin ganz groß.“*

Perfektionistin (wird traurig): *„Ich werde so wenig gelobt und würde mir mehr Lob wünschen.“*

Antreiber: *„Ich könnte der Heike ja mal sagen, dass sie mehr loben soll.“*

Erschöpfte: *„Das ist viel zu anstrengend.“*

Neugierde: *„Ob es wirklich das Leben verändert? Das ist ja spannend!“*

Kritikerin: *„Spar dir die Mühe. Das ist sowieso Quatsch.“*

Ich sag es mal so:
Wenn du dich mit deinen Gedanken herunterziehst und somit unzufrieden, missmutig, quengelig wirst, kannst du bei dir etwas verändern. Denn: **du bist der Chef deiner Gedanken**.
Das heißt: Ich kann entscheiden, was ich denke. Nicht immer, aber bei regelmäßiger Übung immer öfter. Lieber hätte ich ja die Kontrolle über mein gesamtes Leben. Leider funktioniert das nicht. Mein Innerer Kontrolleur meint natürlich, dass das so nicht richtig ist. Damit er das Gefühl weiterhin behält, gebraucht zu werden, habe ich ihm Folgendes vorgeschlagen: „Lieber Kontrolleur, ich bitte dich, meine Gedanken zu kontrollieren. Achte darauf, dass ich gute und positive Gedanken in meinem Kopf habe.“

Kontrolleur: *„Liebe Heike, damit hast du mir wahrlich eine Aufgabe gegeben. Ich muss zugeben: Ich komme mir vor, als würde ich noch einmal in die Schule gehen und die Schulbank drücken. So viele neue Gedanken! Und deine Kritikerin ist auch nicht ohne! Von Zusammenarbeit kann da leider nicht die Rede sein. Doch: I will do my very best!"*

Viele Menschen sind Tag ein, Tag aus unzufrieden, missmutig. So war auch ich. Oft habe ich mir gesagt: „Heike, du bist gesund. Du hast eine gesunde Tochter, einen liebenswerten Freund, eine tolle Familie, deine Selbstständigkeit läuft gut, dein Zuhause ist wunderbar, dein altes, geliebtes Auto fährt prima. Was willst du noch mehr? Warum bist du trotzdem nicht zufrieden?"
Ja, warum denn nicht? Ich war es so sehr gewohnt, negativ von mir zu denken. Alles zu kritisieren und schlecht zu machen. Es war zur Gewohnheit geworden!

In einem Buch las ich folgende Zeilen:
Ein Bauer stand morgens fröhlich auf, ging in den Stall und begrüßte seine Kühe mit einem Lachen. Worauf ihn ein anderer Mensch ansprach, wie er denn morgens um fünf Uhr im Stall stehend schon so gut gelaunt sein konnte. Der Bauer antwortete: „Ich bin es so gewohnt!"

Das hat mich sehr nachdenklich gemacht, und ich habe diese Gewohnheit verändert.

Wie stehst du morgens auf?
Eine kleine Übung für dich:

Ich stehe morgens auf und

____

____

Wenn es dir jedoch schlecht geht, weil die Arbeit dich auffrisst, die Gesundheit angeknackst ist, du angespannt und gehetzt wirkst, du aus dem Weinen nicht mehr heraus kommst, du permanent wütend bist auf alles und jeden, dann würde ich dich bitten, nach dem Grund zu suchen.

Warum lässt du dich von der Arbeit auffressen?
Ist es der Gedanke „Ich bin nicht gut genug"?

Warum ist die Gesundheit angeknackst?
Ist es der Gedanke „Ich habe keine Zeit, mich um mich zu kümmern"?

Warum komme ich aus dem Weinen nicht heraus?
Ist es der Gedanke „Ich schaff' das alles nicht"?

Warum bist du permanent wütend auf alles und jeden?
Ist es der Gedanke „Herrgott, ich kann es eben nicht allen recht machen"?

Ist das der Fall, wird es Zeit, in den Rucksack zu schauen. Schaue dir liebevoll an welche Stimme gehört werden möchte, welches Gefühl noch gefühlt werden möchte.

Wenn du diese Gefühle in deinem Rucksack lässt, dann setzt du einen positiven Gedanken auf einen negativen Gedanken. Doch der negative Gedanke schlummert unter dem positiven Gedanken und ist weiterhin aktiv.
Falls du schon mit positiven Gedanken arbeitest und sich nichts verändert, schaue eine Etage tiefer nach in deinem Rucksack.

Der neugierige Teil in mir wollte es natürlich wissen. Funktioniert das mit dem positiven Denken wirklich? Ich fing an, alles Mögliche auszuprobieren. CDs und Bücher von Louise Hay und Dr. Joseph Murphy wurden gekauft. Sie wurden meine ständigen Begleiter. Beim Frühstück, beim Kochen, beim Wäschezusammenfalten, bei der Autofahrt, beim Lesen, zum Einschlafen, im Schlaf, beim Meditieren. Ich hörte Subliminals – Affirmationen, Glaubenssätze, die auf eine CD aufgenommen werden, immer leiser werden, und eine Musik, die erst im Hintergrund ist, dann aber immer mehr in den Vordergrund tritt. Unser Gehirn nimmt das Gesprochene weiterhin wahr. Ich sprach mir eigene Affirmationen auf eine CD. Mein Kontrolleur kannte kein Halten mehr.

Fasziniert hat mich beim Hören der CDs, dass ich kein unwichtiges Zeug mehr dachte, weil ich mich auf die CDs konzentrierte. Hast du dir deinen Gedanken schon mal zugehört? Probiere es gerne einmal aus.
Bei mir hört sich das so an:
Ich stehe auf. Ich hab' meine Schuhe viel zu weit vom Bett weggestellt. Soll ich jetzt schon Socken anziehen? Ach, ich gehe mal ins Bad. Toilettenpapier hat meine Tochter nicht nachlegt. Meine Fußnägel muss ich noch lackieren. Was liegt denn da unter der Heizung? Sind überhaupt Äpfel zum Frühstücken da? Ich muss unbedingt meiner Tochter sagen, dass sie saugen soll. Ich geh' mal wieder ins Schlafzimmer. Wo hab' ich denn meine Socken hingelegt?

Und so geht es weiter, den lieben langen Tag. Und das meiste davon wird kommentiert und bewertet. Unwichtiges Zeug halt. Völlig unstrukturiert.

Mit den CDs konnte ich meine belanglosen Gedanken, die ja dann ins Unterbewusstsein gelangen, minimieren und bewusst meine Gedanken denken, die ja ebenfalls in mein Unterbewusstsein gelangen. Vier Monate dauerte dieses Experiment, und ich muss sagen: Es hat sich gelohnt! Ich habe angefangen, mich mehr um mich zu kümmern.
Mit dem Satz „Ich allein habe die Kontrolle über mein Essverhalten" habe ich gelernt, bewusster zu essen. Ich habe die Ernährung umgestellt. Das hat sich positiv auf mein Selbstwertgefühl ausgewirkt. Dies wiederum bewirkte, dass ich mit Sport anfing. Und das löste in mir Lob aus: „Das hab' ich heute wieder super geschafft!" Ich nehme mich wichtiger und bewusster wahr. Oft denke ich an den Satz: „Alles, was du in deinen Körper hineingibst, bekommst du auch wieder heraus."
Dieses Experiment hält auch jetzt noch an. **Es wird zur Gewohnheit, positiv zu denken.** Wie es der Bauer schon gesagt hatte.

Zwischendurch kam eine Phase, die nenne ich die Oh-Gott-so-darfst-du-nicht-denken-Phase. In dieser Phase habe ich mich schuldig gefühlt, weil ich dachte, ich sei ein schlechter Mensch, weil ich negative Gedanken denke, und ich würde das nie ändern können. Ich wurde wütend auf mich, weil alles so langsam ging. Auch hier habe ich mir meine Kritikerin und mein Inneres Kind, das Schwierigkeiten mit dem Lernen hatte, angeschaut. Ich habe aus den nichtgefühlten Gefühlen gefühlte Gefühle gemacht, indem ich sagte: „Ja, Gefühl, du darfst da sein." Indem ich diese Zweifel und das Innere Kind wieder zu mir genommen habe, wurde ich gelassener. Bewusst machen durfte ich mir immer und immer wieder, dass ich in einem Lernprozess bin. Oft habe ich mir gesagt: „Das war jetzt ein alter Gedanke, und ich habe mich entschieden, nicht mehr so zu denken." Die Kunst war zu bemerken, wie alt dieses Gedankengut schon ist und dass es Zeit braucht, sich zu verändern.

Und dann gibt es Menschen, die sagen, dass du dir mit deinen Gedanken deine Wirklichkeit erschaffst. Dass du mit deinen Gedanken die Situationen, die du erlebst, anziehst. Wie ein Magnet. Dass du dein eigenes Lebens-Drehbuch schreibst.
Du rufst zum Beispiel unbewusst ins Universum: „Ich möchte gern die Erfahrung machen, wie es ist, mit wenig Geld zu leben."
Das Universum ist wie ein Geist aus der Flasche: „Dein Wunsch ist mir Befehl."

Plötzlich verlierst du deinen Job, weil dein Unternehmen Konkurs angemeldet hat. Du wirst arbeitslos und musst mit weniger Geld leben. Der Wunsch wurde erfüllt.

Auch bei diesem Beispiel: Denke daran, dass wir zu 80 Prozent unbewusst handeln. Vielleicht gibt es eine Seite, die wir (unbewusst) noch nicht kennen, die jedoch diese Erfahrung machen wollte. Der Rucksack wird leichter, wenn du dir Dinge bewusst machst und sie dann liebevoll annimmst.

Zusätzlich sind da noch unsere sogenannten „Lebensthemen". Wenn sich meine Seele vorgenommen hat zu erfahren, was Fülle ist, werde ich erst eine Mangel-Erfahrung machen dürfen, denn ohne die Mangel-Erfahrung kann ich die Fülle nicht erleben. Wir können die Sonne erst so richtig genießen, wenn wir wissen, wie sich ein kalter, nasser Regentag anfühlt.
Es kann sein, dass du ein Lebensthema hast das immer wieder in deinem Leben auftaucht, wie bei einer Spirale, immer und immer wieder. Da nützt es nichts, sich das Leben mit positiven Sätzen schönzureden, denn im Hintergrund laufen negative Botschaften und nicht gefühlte Gefühle weiter ab. Auch hier geht es wieder darum, achtsam in deinen Rucksack zu schauen, sich nach und nach liebevoll ein schwieriges Gefühl aus dem Rucksack heraus- und es anzunehmen. So wird dein Lebens-Rucksack leichter. Du wirst dann bemerken, dass du zum Beispiel nicht mehr so lange an diesem Thema hängen bleibst, dass die Leid-Tage kürzer werden und du dich nicht herunterziehen lässt, dass Entscheidungen schneller ge-

funden werden, dass du deine Gedanken dementsprechend abwenden kannst. „Ich habe meine Lektion gelernt und kann nun weiter nach vorne schauen und mit positiven Gedanken in meinem Leben weitergehen."

Nachdem mein Ex-Freund die Beziehung beendet hatte und es mir Wochen und Monate so schlecht ging, habe ich mich natürlich gefragt: „Und das soll ich mir kreiert haben? Das war mein Drehbuch? Das gibt es doch gar nicht! Warum sollte ich mir so etwas antun?"

In meinem Drehbuch war ich Aschenbrödel (auch mein Lieblingsmärchen als Kind). Und da war es Zeit, aus Aschenbrödel die Prinzessin werden zu lassen. Aus der Krise heraus zu mir selbst zu kommen. In meine Verantwortung zu gehen, statt mich für die Beziehung aufzuopfern. Und das ist mein Lebensthema. Es begleitet mich immer noch, doch die Leid-Tage werden kürzer, ich steige schneller aus meiner Schuld- und Opferrolle heraus in die Verantwortung hinein. Dabei unterstützen mich positive Gedanken.

Auf den nächsten Seiten möchte ich dir die Gelegenheit geben, deinem Drehbuch eine neue Richtung zu geben.
Nimm dir Zeit und lasse dein bisheriges Drehbuch vor deinem inneren Auge Revue passieren.

Übung: Ich bin Drehbuchautor, Regisseur und Cutter

Wenn du dein Drehbuch schreibst, geht es darum, aus den alten Gewohnheiten herauszukommen. Statt immer wieder zum Beispiel die Erfahrung zu machen, nicht willkommen zu sein, stelle dir vor, dass du willkommen bist, dass sich die Türen für dich öffnen. **Es geht darum, sich neue wunderbare und wertvolle Chancen zu schenken,** indem wir „so tun als ob".

Unser Gehirn denkt in Bildern und behält immer das letzte Bild zu einer Situation im Kopf. Ein neues Bild setzt sich sozusagen auf das alte Bild. Wenn auf einem Acker ein Neubaugebiet entsteht, frage ich mich oft später: „Wie sah es nochmal ohne diese Häuser aus?" Diese Strategie nutzen wir, um ein neues Drehbuch über das alte zu schreiben.

Bevor du loslegst, stelle dir bitte noch folgende Fragen:
(Ich setzte bei den folgenden Fragen bewusst eine Bewertung, damit klar wird, was du verändern willst.)

- Welche negativen Verhaltensmuster habe ich?
- Welche negativen Denkmuster kenne ich von mir?
- Welches negative Gefühl dominiert in meinem Leben?
- Was macht mir Angst?
- Was macht mich unglücklich?
- Welcher negative Glaubenssatz ist noch aktiv in mir?
  (Wenn du den Glaubenssatz hast: „Ich verdiene kein besseres Leben", wird das Gute es schwer haben, sich in deinem Leben zu realisieren.)
- Was fehlt in meinem Leben?
  Und die wichtigste Frage:
- Bin ich bereit, mein altes Drehbuch loszulassen?

Wenn du dein altes Drehbuch gern noch behalten möchtest, akzeptiere die Situation. Liebe dich dafür, dass du es noch behalten möchtest. Ein Teil in dir braucht das alte Drehbuch noch.

Frage dich: „Geliebter Teil, welchen positiven Aspekt siehst du in dem alten Drehbuch? Welchen Nutzen hast du davon?“
Es kann zum Beispiel sein, dass, wenn du leidest, du das Mitleid deiner Mitmenschen bekommst und das wichtig für dich ist. Es kann sein, dass du die Erfahrung gemacht hast, Aufmerksamkeit zu bekommen, wenn es dir nicht gut geht. Es kann vieles sein. Mache dir bewusst, was es ist.
Stelle dir die Frage: „Was habe ich davon, das alte Drehbuch zu behalten?“
Nimm die erste Antwort, die dir in den Kopf schießt. Der erste Gedanke kommt intuitiv und ist der richtige Gedanke. So schnell kann unser Verstand nicht reagieren. Unser Verstand fängt sofort an zu zweifeln, abzuwägen.
Die Antwort kommt aus dem Gefühl heraus. Und wenn du die Antwort hast, fühle diese Antwort und gehe mit ihr in Kontakt. Bejahe die Antwort. Ohne dich zu verurteilen. Liebe dich dafür, dass es so ist, wie es ist. Ich weiß, dass es schwierig ist, und dennoch geht es. Bleib am Ball!
Mir ist es wichtig, dass du liebevoll mit dir umgehst. Dass du hart und unnachgiebig mit dir selbst umgehst, kennest du gut, und es hat dir wenig Gutes gebracht. **Es ist die Liebe, die heilt.**
Manchmal hilft es, das alte Drehbuch aufzuschreiben, um es dann in einem Feuer-Ritual loszulassen. Verbrenne es – und schreibe dir ein neues Drehbuch.
Wenn du dein altes Drehbuch losgelassen hast, triff eine innere Entscheidung für dich, dass du bereit bist, ein neues zu schreiben.

Dann nehme dir ein neues Blatt und fange an zu fantasieren. So wie Kinder es tun. Bei den Kindern fängt ein Spiel häufig mit dem Satz an: „Ich bin jetzt mal ...“.
Wie schon gesagt: Tu mal „so als ob“ – du kannst nur gewinnen!
Wie willst du leben? Was willst du fühlen? Möchtest du Reichtum, inneren wie äußeren? Begib dich in ein Abenteuer. Denke daran, du schreibst dein Drehbuch. Falls dir beim Durchlesen hinterher etwas nicht gefällt, verändere es. Schreibe dein Drehbuch bitte in der Gegenwart. Es ist schon eingetroffen. „Ich bin liebenswert, ich bin

reich, ich bin ...“. Und wenn dein Drehbuch fertig ist, wie fühlst du dich? Fühlst du Leichtigkeit, Liebe, Glück? Nicht? Na, dann verändere es noch einmal. Als Cutter kannst du Passagen herausschneiden und neue einsetzen.

Lese dir dein Drehbuch täglich durch, stelle dir möglichst authentisch vor, wie dein Leben aussehen soll. Sei dein eigener Regisseur. Hänge den Zettel in deinem Zuhause auf, schaue immer wieder darauf. Ach, ich bin schon ganz euphorisch, wenn ich das aufschreibe!

Ja, natürlich habe ich es auch ausprobiert. Vieles ist schon eingetroffen. Einige Lieferungen brauchen noch Zeit, weil ich die Zeit brauche, mich zu verändern.

Und nachdem du dir ein wunderbares Drehbuch geschrieben hast möchte ich dir das gesprochene Wort näherbringen. Wenn wir mit unserem neuen Drehbuch im Kopf in Kontakt mit unserer Familie kommen, ist es sehr hilfreich zu schauen, wie wir kommunizieren. Ich möchte dir näherbringen, wie das Wort bei anderen Menschen ankommt.

Kommunikation mit meinen Fahrgästen – und was ich dir noch über Kommunikation mitteilen möchte

Ich steige in meinen Bus der Stimmen ein.

Ich: „Ich möchte gerne über Kommunikation schreiben. Hat jemand einen Gedanken dazu?"

Einige schweigen. Einige schauen mich mit großen Augen an. Einige blicken nach oben, pfeifen vor sich hin, tun so, als hätten sie mich nicht gehört. Ich selbst finde die Reaktionen sehr sonderbar. Trauer macht sich in mir breit.

Kleine Heike: *„Is' kommunizieren, dass alle miteinander reden?"*

Ich: „Ja."

Kleine Heike: *„Ich auch?"*

Das ist also meine Trauer.

Ich: „Ja, du auch."

Die Kleine Heike sitzt hinten im Bus. Ich kann sie kaum sehen. Sie ist etwa zwei Jahre alt, hat ein weißes Kleid an und rote Lackschuhe.

Ich: „Magst du zu mir auf den Schoß kommen?"

Die Kleine schüttelt den Kopf. Ich warte.

Kleine Heike: *„Ich darf nicht immer reden, wenn ich will. Das will der Papa nicht. Der will seine Sportschau gucken. Und das macht mich so traurig, weil dann muss ich gleich ins Bett, und dann hab ich gar nichts von meinem Papa."*

Sie weint.

Kleine Heike: *„Er fehlt mir so. Dann muss ich ihn auch noch mit Mama und meinen Geschwistern teilen. Da bleibt kaum noch Zeit für mich und meinen Papa. Und wenn ich dann mein Buch nehme und zu ihm gehe, schimpft er mit mir und sagt, ich soll zu meiner großen Schwester gehen. Die kann aber noch nicht so gut lesen. Und die ist auch nicht mein Papa."*

Sie schluchzt jetzt. Der Beschützer ist bei ihr und legt ihr die Arme um die Schultern.

Beschützer: „Ich beschütz' dich. Ich passe gut auf dich auf. Kein Mann wird dir noch einmal weh tun."

Und er zieht auch hier eine Mauer zwischen der Kleinen und den Männern hoch.
Diese Zurückweisung trifft mich tief in meinem Herzen. Und der Beschützer macht seine Arbeit wieder sehr gut. Diese Mauer kenne ich so gut. Das Nähe-Distanz-Spiel, wie ich es nenne. Der innere Schrei in mir: „Ich brauche Liebe. Komm mir näher!" Ist der Mann dann da, kommt die Angst und damit die Mauer: „Huch, das ist viel zu nah! Gleich kommt die Zurückweisung, und dann schmerzt mein Herz wieder so sehr."
Also halte ich mir die Männer auf Abstand. Doch meine Sehnsucht nach Nähe ist so unglaublich stark. Sie lässt die Mauer bröckeln. Der Beschützer ist entsetzt. Er steht da, mit Besen und Kehrblech, und sammelt die Steine ein: *„Die schöne Mauer!"*

Ich gehe durch den Bus zu der Kleinen Heike und setze mich neben sie.

Kleine Heike: *„Mein Papa fehlt mir so doll !"*

Ich nehme sie in den Arm und lasse sie weinen. Mir laufen die Tränen, und ich atme tief ein und aus, während ich diesen Prozess aufschreibe. In meiner Vorstellung steht hinter mir ein Engel, der mir liebevoll über mein Haar streicht. Es wirkt beruhigend auf mich. Ich fühle mich getröstet und gesehen mit meinem Schmerz. Die Kleine auf meinem Schoß beruhigt sich. Hört auf zu weinen.

Kleine Heike: *„Darf ich sagen, dass mir mein Papa fehlt?“*

Gerührt schaue ich sie an: „Ja, mein Schatz, dass darfst du.“

Die Kleine Heike steht auf und holt ein Buch. *„Liest du mir was vor?“*

Ich lächele und lese ihr aus dem Buch vor.

Die Gute Mutter in mir: *„Das hast du gut gemacht, Heike. Ich danke dir für den Trost.“*

Kritikerin: *„Das wird wieder so eine endlose Kommunikation!“*

Ich: „Möchtest du gerne einen Kommentar für unser Buch abgeben?“

Kritikerin: *„ Nö, eigentlich nicht. Ich wollte mich nur kurz zeigen.“*

Ich: „Prima. Ist angekommen. Möchte noch jemand einen Kommentar abgeben?“

Die Kritikerin ist etwas beleidigt und setzt sich nach hinten. Sonst sitzt sie ja auch gern am Steuer. Ich lasse sie mal grummeln.

Schulkind: *„Ich find’ Kommunikation immer sehr schwierig. Die Wörter rutschen immer so schnell aus meinem Mund raus. Ich habe Angst, etwas Falsches zu sagen oder den anderen zu verletzen. Da zieh’ ich mich lieber zurück.“*

Ich: „Hast du schon mal so eine Erfahrung gemacht?“

Schulkind: *„Ja.“*

Pause.

Ich: „Möchtest du davon erzählen?"
Schulkind: *„Nein."*

Ich: „ Ist es so peinlich?"

Schulkind: *„Ja."*

Ich: „O.k.. Brauchst du etwas von mir, damit du den Mut findest, es zu erzählen?"

Schulkind: „Ja. Deine Hand."

Ich setze mich neben sie und reiche ihr meine Hand. Sie nimmt sie und schweigt. Sie dreht an den Ringen an meinen Fingern. Ist sich noch sehr unschlüssig, ob sie erzählen oder doch lieber schweigen soll. Sie schaut mich von der Seite her an. Ich lächele sie aufmunternd an.

Schulkind: *„Ich hab' mal was Falsches erzählt. Ich habe gelogen. Die Lehrerin in der Schule fragte morgens immer, ob jemand Geburtstag hätte, und da hab' ich eines Morgens gesagt: ‚Ja, ich!' Dabei hatte ich gar nicht Geburtstag. Und ich bin nach vorne gegangen, und sie hat mir gratuliert, und ich brauchte keine Hausaufgaben zu machen."*

Ich lächele in mich hinein. Ich kann mich noch gut an die Situation erinnern. Woran ich mich jedoch nicht erinnere, ist meine große Scham, die damit verbunden ist.

Schulkind: *„Dann kamen meine Freundinnen und gratulierten mir und fragten, wann ich denn feiere und wen ich einladen würde."*

Jetzt kann ich die Verzweiflung in ihr fühlen. Das Gefühl, an der Wand zu stehen, wie gelähmt zu sein. Die Angst aufzufliegen. Was

würde die Mama wohl sagen, wenn alle mitkämen? Pure Panik ist in mir zu fühlen. Was ist, wenn der Schwindel auffliegt?
Wieder sitze ich, während ich schreibe, und atme tief ein und aus. Fühle das Gefühl und lasse es heilen.

Schulkind: *„Ich hab' dann nur die Moni eingeladen, und weil sie kein Geschenk auf die Schnelle hatte, hat sie mir Obst mitgebracht. Wir haben in der Garage gefeiert."*

Ich: „Ich danke dir, dass ich das in diesem Buch verwenden darf. Und weißt du was?"

Schulkind: *„Was denn?"*

Ich: „Ich glaube, die Lehrerin wusste ganz genau, wann ihre Schützlinge Geburtstag haben, und sie hat den Schabernack mitgemacht."

Schulkind: *„Meinst du wirklich?"*

Ich nicke.

Das Schulkind lächelt.

Das Schulkind und die Kleine Heike bekommen anerkennende Blicke von den anderen Fahrgästen. Sie werden für ihren Mut beklatscht und umjubelt. Die beiden Kleinen fühlen sich großartig und baden in der Anerkennung!

Ich traue mich gerade gar nicht, die Frage zu stellen: „Hat noch jemand einen Gedanken, den er mir mitteilen möchte?" Dann könnte die Kritikerin Recht haben, und das Thema Kommunikation würde endlos werden.
Hach, jetzt müsstest du mal meine Kritikerin sehen! Groß, wissend, lächelnd steht sie vor mir: *„Tja, hab' ich doch gesagt. Aber auf mich hörst du ja nicht!"*

Nach diesen Prozessen wird mir ganz bewusst, dass **unser Umgang und unsere Erfahrung mit der Kommunikation sehr prägend sind**. Durch die damalige Zurückweisung wird mir jetzt klar, warum ich wenig über meine Gefühle und Bedürfnisse gesprochen habe. Wenn eine unserer inneren Stimmen, in diesem Fall der Beschützer, eine Mauer hochzieht, stehen auf der einen Seite die Menschen, und auf der anderen Seite stehe ich – allein. Puh, gut, dass ich das jetzt verändert habe! Leute, ich komme!

So, jetzt noch einmal zum letzten Teil der Überschrift: w**as ich dir noch über Kommunikation mitteilen möchte.**

Wusstest du, dass du immer kommunizierst? Auch ohne zu sprechen? Nicht? Jetzt weißt du es. Du kommunizierst non-verbal. Mit Gesten, mit den Augen, mit der Mimik, der Körpersprache. Du kannst nicht nicht kommunizieren.

☺ ☹

Was glaubst du, welches Bild sollte an deinem Spiegel im Badezimmer hängen? Mit welchem Bild geht es dir besser?
Und es ist nichts gesagt worden ...

Wenn ich in das Zimmer meiner Tochter gehe und sehe, dass es unordentlich ist, und wenn meine Tochter dann mit den Augen rollt – und sie hat ja keinen Ton gesagt – könnte ich schon explodieren. Dabei hat sie nur mit den Augen gerollt. Angekommen ist Folgendes bei mir: „Ach, die schon wieder mit ihrem Aufräum-Tick!“ Und obwohl keiner etwas gesagt hat, liegen wir uns schon in den Haaren.

Bei mir tauchte die Frage auf: „Wieso ist das so"? und ich machte mich schlau.

Es gibt ein sehr bekanntes Kommunikations-Modell von Friedemann Schulz von Thun: das Vier-Kanäle- und Vier-Ohren-Modell.

Wir senden auf vier verschiedenen Kanälen und hören mit vier verschiedenen Ohren. Die Kanäle heißen

- Sachebene
- Selbstoffenbarung
- Beziehungsebene
- Appell

Die **Sachebene** sagt aus, wie es ist. Reine Fakten und Daten.

In der **Selbstoffenbarung** vermittelt der Sprecher – bewusst oder unbewusst – etwas über sein Selbstverständnis, seine Motive, Werte oder Emotionen.

Die **Beziehungsebene** zeigt deutlich, was der Sender vom Empfänger hält.

Der **Appell** fordert den Empfänger auf, etwas zu tun.

Das heißt: Der Sender gibt vier Botschaften von sich, und gleichzeitig kommen vier Botschaften beim Empfänger an.

Um dir dies zu verdeutlichen, habe ich eine Skizze anfertigen lassen.

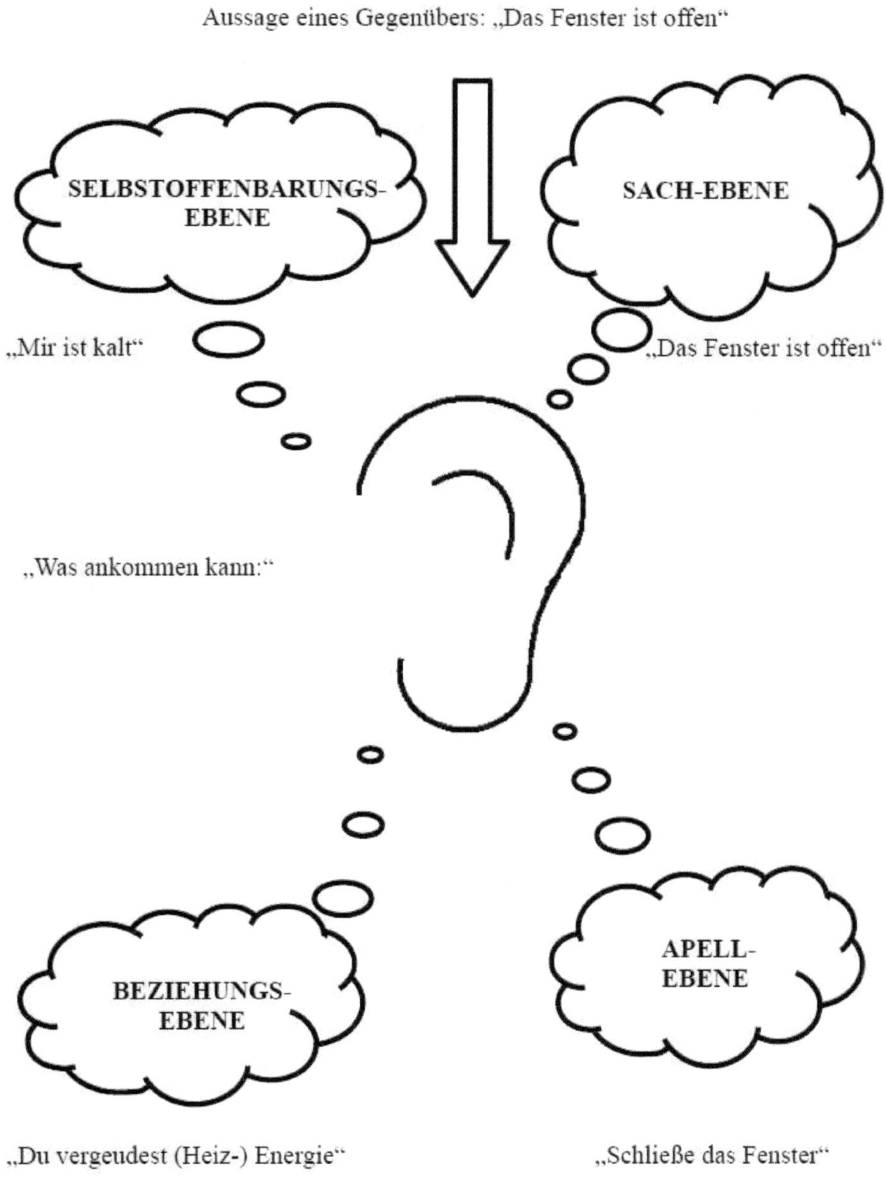

(Die Abbildung zeigt das Kommunikationsmodell nach Friedemann Schulz von Thun gezeichnet von Sebastian Lange)

Jetzt kannst du dir bestimmt vorstellen, warum mancher Satz ins „falsche Ohr“ kommt. Wenn wir uns das verdeutlichen und versuchen, erst einmal nur auf der Sachebene zu verstehen, können wir vielen Streitereien aus dem Weg gehen.

Mein ehemaliger Mann und ich hatten oft das Beziehungs-Ohr offen. Wir „hörten“ viele Du-Botschaften aus dem Gesagten des anderen heraus und gerieten dann aneinander. Ich dachte auch oft, dass er eine ganz andere Wahrnehmung hat als ich oder ich als er. Als ich mir angewöhnt hatte zu fragen: „Wie meinst du das?“, haben sich unsere Gespräche entspannt. Ich konnte mich zurücklehnen und denken: „Ach, so meint er das. Das hat ja gar nichts mit mir zu tun!“ Ich brauchte nicht in die Verteidigung und somit gleichzeitig in den Angriff zu gehen. Mir hat diese simple Frage viel Erleichterung gebracht.

Ich möchte dir gerne eine Übung zeigen, die mich geschult hat zuzuhören.

Übung: für die Ohren, das Mitgefühl, das Miteinander

Setze dich deinem Partner/deiner Partnerin gegenüber. Eine Person erzählt von ihren Sorgen, ihrem Erlebten, von dem, was sie bewegt. Die andere Person hört zu. Zuhören passiert mit den Ohren. Der Mund bleibt geschlossen.

Vereinbare eine Redezeit, zum Beispiel fünf oder zehn Minuten. Stelle dir einen Wecker. Jeder teilt sich mit. Bitte vermeide Stellungnahmen zu dem Gesagten der Person, die sich gerade mitgeteilt hat. Angriffe, Trotzreaktionen, Kommentare, Lösungen sind hier fehl am Platz. Diese Übung dient dem Zuhören, dem Reflektieren des Gesagten und dem Lernen, den anderen aussprechen zu lassen. Falls dir das schwer fällt, kannst du einen Gegenstand in die Hand nehmen und vereinbaren, dass die Person redet, die den Gegenstand in der Hand hält. Mein Freund und ich haben einen Sprechvogel aus Plüsch. Wenn er am Kopf gedrückt wird, lacht er. So haben wir auch in brenzligen Situationen manchmal ein Lächeln auf den Lippen.

Danach geht ihr auseinander und lasst das Gesprochene wirken. Kein „Ja, aber ...“. Dankt einander fürs Zuhören.

Treff euch am nächsten Tag, um das Gesprochene zu besprechen, wenn es dann noch notwendig ist. Meistens geht es uns besser, wenn wir aussprechen können, was uns bewegt.

Dem anderen mitzuteilen, wie man sich gerade fühlt, fällt nicht gerade leicht. Es braucht Übung. Um das Mitgefühl und das Miteinander zu fördern, kannst du regelmäßig einen solchen Austausch in die Woche einplanen. Das wiederum fördert mein nächstes Thema.

Um dir diese Übung zu verdeutlichen,
findest du mit diesem QR-Code
ein Video auf YouTube.

Intuition: Bauch oder Kopf?

So oft gehört: Bauchgefühl.
Kannte ich nicht.
Der erste Gedanke? Ach, der ist auch schnell wieder weg.

Das Bauchgefühl konnte mir niemand genau erklären. „Es fühlt sich richtig an", „Es fühlt sich leicht an", das waren Äußerungen, die ich hörte. Aber wenn jemand, der nicht fühlt oder fühlen will, dies gesagt bekommt, kann er nichts damit anfangen.

So ging es mir. Intuition war ein Fremdwort für mich. Wie habe ich dann Entscheidungen getroffen? Ein Arbeitsverhältnis gekündigt und eine neue Stelle angefangen? Ich habe nicht darüber nachgedacht. Ich habe einfach gemacht. Und die meisten Entscheidungen waren gut. Nicht alle, jedoch die meisten.

Vor Jahren habe ich dann in einem Spiel die Erfahrung machen dürfen, dass es ein Bauch-Gedächtnis und ein Kopf-Gedächtnis gibt. Da es mir damals noch schwer fiel zu fühlen, habe ich mich auf mein Kopf-Gedächtnis konzentriert und mich darin geschult, einer plötzlichen Eingebung, einem neuen Gedanken, einer neuen Idee oder einer bildlichen Vorstellung zu vertrauen.
Hierauf folgte ein gutes Gefühl in meinem Körper. Ich schulte somit meine Gedanken- und Gefühlswelt.

Ein Beispiel:
Ich hatte den Gedanken, mich mit mobilen Massagen selbstständig zu machen. Ein Bekannter von mir war so freundlich und gab meine Bewerbung in seiner Firma ab. Diese zeigte sich interessiert, und man lud mich zu einem Vorstellungsgespräch ein. Und es klappte! Ich bin meinem Gedanken gefolgt!
Die Information, dass diesbezüglich in dieser Firma eine Ausschreibung und mehrere Vorstellungsgespräche stattgefunden hatten, fehlte mir. Der Gedanke war zum richtigen Zeitpunkt gekommen.
Über diese Firma kam eine andere Firma auf mich zu, dann noch eine – und so weiter. Ja, ich höre dich schon sagen: „Ach, das war

nur Zufall!“ Nennen wir es gern Zufall. Dann war ich gerade da und habe das, was mir zugefallen ist, aufgefangen. Wie du es nennst, ist egal, Hauptsache, du folgst deinem ersten Gedanken bzw. nimmst ihn überhaupt wahr.
Mittlerweile habe ich es mir zum Grundsatz gemacht, dass Gegebenheiten leicht sein dürfen. **Von allem, was schwer geht, lasse ich die Finger.** Warum auch immer. Das spielt keine Rolle.

Ich hatte in einer Firma ein Angebot über mein Seminar „Werkzeugkoffer Entspannung“ abgegeben. Es wäre ein toller Auftrag geworden. Ich hätte mehrere Tausend Euro verdient. In mir machte sich sofort Freude breit. Ich lief grinsend durch meine Heimatstadt. Doch es gestaltete sich keineswegs leicht.
Die Gespräche zu meinem Angebot wurden abgesagt. Der Chef hatte Bedenken, die Zeit kam ins Spiel, das Honorar sollte noch abgeklärt werden. Also setzte ich mich hin, horchte und fühlte in mich hinein. Was ich dort fand, erschreckte mich: Misstrauen, ich fühlte mich als Spielball zwischen den beiden Chefs, ein Machtspiel. Hey, ich wollte kein Spielball sein!
Ich wollte jedoch das Geld verdienen. Also schob ich meinen Gedanken und mein mittlerweile mulmiges Gefühl („Es läuft keineswegs leicht, Heike“), beiseite und versuchte es noch einmal. Bis ich symbolisch vor verschlossener Tür stand. Wir hatten einen losen Termin vereinbart, und ich stand vor verschlossener Tür.
„Die Tür ist zu, Heike! Wie oft willst du es noch überhören?“ Endlich hatte ich es verstanden! Endlich nahm ich die Situation an, wie sie war. Und es machte sich Trauer breit. Ach, das schöne Geld!
„Das Leben geht auch weiter ohne das Geld“, sagt eine Stimme in mir. Ja, aber ...
Heute bin ich froh und dankbar für diese Erfahrung. Du kannst dir gewiss vorstellen, unter welchen Voraussetzungen die Entspannung stattgefunden hätte!?

Noch etwas übe ich immer häufiger: **„Überprüfe deine Motivation bei den Situationen.“** Also: Aus welchen Beweggründen tue ich etwas? Es ist wichtig, dass ich ehrlich zu mir selbst bin, meine Gefühle dazu wahrnehme, sie zu mir nehme. Ohne mich dafür zu verurteilen, dass ich es nur des Geldes wegen getan hätte.

Anfangs dachte ich bei diesem Buch: „Ich werde reich. Das wird ein Bestseller! Und mit dem Geld kann ich ..."
Jetzt, beim Schreiben, hat sich meine Motivation verändert. Heute will ich der Welt meine Gedanken schenken. Heute möchte ich mich dir mitteilen und freue mich darüber, dass du weiterliest. Heute bin ich dankbar für meine Erfahrungen und dafür, sie mit dir zu teilen. Und wenn du dann auch nur einen Gedanken oder einen Satz, den ich schreibe, in deinem Leben umsetzt und nutzen kannst – ach, da macht sich so viel Freude in mir breit, und mein Herz wird weit. Und natürlich darf das Buch ein Bestseller werden ...

Der Intuition zu vertrauen, bedeutet auch loszulassen. Aus der Komfortzone herauszukommen. Dinge zu tun, bei denen andere denken und sagen: „Überleg doch noch mal." Bei sich bleiben. Vertrauen.

Je mehr ich mich mit meiner Intuition beschäftigte, desto häufiger stellte ich mir vor, dass ich mich bei ganz kniffeligen Fragen oder Problemen mal an Gott wenden könnte. Als eine Art Intuition; den ersten Gedanke wahrzunehmen. Ich stellte mir vor, wie eine Strickleiter in den Himmel reichte und ich dort oben durch viele Gänge ging, um zu Gott zu kommen. Wenn ich ihn dann gefunden hatte, setzten wir uns an einen Tisch und fingen an, miteinander zu sprechen. So fragte ich Gott einmal nach meiner Berufung, und er gab mir folgende Antwort: „Bring mir Sterbende nach Hause!" Ich weiß noch, wie ich gesagt habe: „Nee, nee, da such' dir mal etwas anderes für mich aus! Ohne mich!" Und Gott fand einen Weg für mich, um mir meinen Auftrag so schonend wie möglich näherzubringen, indem er mich als Verwaltungsangestellte in einem Hospiz unterbrachte. Jahre zuvor hatte ich eine Ausbildung als ehrenamtliche Hospizbegleiterin gemacht und dem Ausbilder, der auch Chef des Hospizes ist, mitgeteilt, dass ich an einem Bürojob interessiert sei.

Auch hier bin ich meinem Gedanken, meiner Eingebung gefolgt und habe mein Interesse ausgesprochen. Ich weiß noch, dass er sagte: „Tja, zur Zeit haben wir leider keine freien Stellen." Ich antwortete: „Na, jetzt weißt du ja, dass ich Interesse habe. Mal sehen, was passiert." Ein Jahr später rief er an und bot mir eine Halbtagsstelle am Empfang an. So wurde ich immer vertrauter mit den Sterbenden, dem Sterben, mit den Angehörigen, mit der Trauer, mit der Wut, mit der Verzweiflung, mit den Tränen.

Eines Tages kam die Pflegedienstleitung auf mich zu und fragte: „Heike, kennst du jemanden, der als Atemtherapeutin bei uns im Haus mit den Gästen arbeiten könnte?" Ich spürte eine solche Freude in mir! Ich! Ich bin Atemtherapeutin! Doch meine Vorgesetzte meinte eine Person außerhalb des Teams. Ich dachte, mir rutscht mein Herz in die Hose – jetzt war ich endlich bereit, den Auftrag von Gott an mich zu erfüllen, und der Auftrag ging an mir vorbei!
Dieses Gefühl von „das Herz rutscht mir in die-Hose", die tiefe Trauer darüber, dass jemand anderes diesen Job machen durfte, hat mich erschreckt! Dieses Gefühl kam so schnell aus meinem Bauch heraus ...
Und weil dieses Gefühl so stark war, nahm Gott mich wieder an die Hand und öffnete mir eine Tür nach der anderen. Er zeigte mir meinen Weg, den ich im Vertrauen, dass Gott mich liebt und nur mein Bestes möchte, heute weitergehe.
Zwischendurch kommt meine Kleine Heike und hat Angst. Setzt sich auf meinen Schoß und weint ein bisschen. Tröstend halte ich sie.

Ich konnte in einem anderen Hospiz mit Atem- und Entspannungs-Einheiten anfangen. Ein Krankenhaus meldete sich, dann das nächste. Ich lernte wunderbare Menschen kennen. Hatte berührende Erlebnisse. Tauchte ein in eine Welt, die voller Intuition war. Ich handelte intuitiv. Fühlte, was diese Menschen in den letzten Stunden brauchten. Gab ihnen Berührungen, das Gefühl, gehalten zu werden, Geborgenheit, weinte mit ihnen, nahm immer wieder Abschied, heilte auch mich.

Und auch hier möchte ich dir eine Erfahrung näherbringen.
Eine Patientin lag mehrere Wochen auf einer Palliativstation, und ich ging wöchentlich zu ihr, um ihr Atem- und Entspannungs-Einheiten anzubieten. Es war wunderschön für mich zu sehen, dass sie sich immer mehr entspannen konnte, sich mir anvertraute. Eines Morgens kam ich in ihr Zimmer, und sie hatte starke Schmerzen. Sie hielt die Hände vor ihr Gesicht. Sie wollte sich hinter ihrem Schmerz verstecken. Ich nahm ihre Hände und sagte: „Bis das Schmerzmittel wirkt, werden wir beide diesen Schmerz zusammen aushalten. Ich kann Ihnen den Schmerz keineswegs nehmen, ich kann jedoch bei Ihnen bleiben und Ihnen den Halt geben, durch den Schmerz zu gehen.“ Sie hielt meine Hand, und ich begleitete sie durch den Schmerz hindurch, indem ich ihr einen Atem-Rhythmus vorgab und wir uns dabei in die Augen schauten. Wenn sie drohte, in ihrem Schmerz zu verschwinden, forderte ich Augenkontakt ein, stöhnte mit ihr, schrie mit ihr, uns beiden liefen die Tränen ... und als nach zehn Minuten das Schmerzmittel wirkte, weinten wir vor Erleichterung. Vor Erleichterung, dass wir es beide geschafft hatten. Sie, dass sie durch ihren Schmerz gegangen war und sich mit all dem, was ist, zeigen konnte. Ich, dass ich sie in ihrem Schmerz aushalten und begleiten konnte.
Ihr Kommentar nach der Schmerzattacke: „Wow, was war das denn? Ich habe mich so noch niemandem zeigen können. Es war eine wunderbare Erfahrung für mich, in Gegenwart eines anderen Menschen durch diese Schmerzen zu gehen. Ich wollte meiner Familie nie meinen Schmerz zeigen.“
Ich bin dieser Patientin unendlich dankbar für diese Erfahrung. Dachte ich doch immer, dass ich meine Hilflosigkeit in solchen Momenten keinesfalls aushalten würde.

Doch die Tür, die Gott für mich öffnete, ging noch weiter auf. Ich fing an, Seminare für das Pflegepersonal zu konzipieren. Ich bekam eine Dozententätigkeit und konnte über Atemnot referieren. Das Seminar „Werkzeugkoffer Entspannung“ für Firmen entstand. Es folgten weitere Seminarkonzepte.

Vor Jahren hatte ich den Gedanken: Du wirst einen Menschen aus deinem Bekanntenkreis beim Sterben begleiten. Der Gedanke kam – und war auch ganz schnell wieder weg. Das wollte ich auch gar nicht hören. Im Jahr 2008 erinnerte ich mich wieder an diesen Gedanken. Meine Freundin verstarb an Krebs. In ihrem Sterbe-Prozess machte mir meine Freundin ein wunderbares Geschenk. Ich vertraute meiner Bauch-Intuition immer mehr.
Meine Freundin wollte die Genesung ohne Chemotherapie schaffen. Damals beschlichen mich Zweifel: „Wird das gut gehen?" Gedanke hin oder her: Ich wollte positiv denken. Sie unterstützen mit guten Gedanken. Doch es ging keineswegs konform mit meinem Bauchgefühl.
Ich wusste, wann sie stirbt, und ich wusste, wie sie stirbt. Ich besuchte sie eines Nachmittags, und als ich mich von ihr verabschiedete, wusste ich, ich sehe sie nie wieder. Es weinte aus mir heraus: „Ich sehe sie nie wieder!" Unendliche Trauer überfiel mich. Vor Wochen schon hatte ich ein Bild ihre Sterbens vor meinen Augen gesehen: Sie liegt im Bett, wird von ihrer Familie gehalten und kann das Leben hier auf der Erde beenden.
Als ihr Mann mir am Telefon mitteilte, dass sie verstorben sei, fragte ich ihn, wie sie eingeschlafen sei. Er sagte: „Wir waren im Schlafzimmer, alle beisammen, als sie eingeschlafen ist."
Selbst jetzt berührt es mich zutiefst. Und sie fehlt mir! Habe ich doch auch jetzt noch so oft das Gefühl, dass wir in enger Verbindung stehen, so wie zu den Zeiten, als sie noch lebte. Meine liebe Freundin, ich danke dir für alles.

Wenn du dir das Kapitel Intuition noch einmal anschaust: Fällt dir auf, dass ich mit dem Kopf-Gedächtnis angefangen habe und immer mehr in mein Bauch-Gedächtnis gegangen bin? Je mehr ich mit mir und je mehr ich mich gefühlt habe, desto mehr ist das Bauchgefühl gekommen.
Und damit das Thema Intuition ein beschwingtes Ende hat, erzähle ich dir noch eine schöne Geschichte.
Im Jahr 2012 war ich im dritten Jahr Single, und natürlich hatte ich immer den Gedanken im Kopf: „Wann kommt denn mein Prinz mit

dem Pferd?“ Ein Gedanke, der immer wieder auftauchte, war: „Du kennst ihn schon, und er ist jünger als du. Er wird irgendwann auf deiner Massageliege liegen.“

Die Männer, die ich in meiner Single-Zeit kennenlernte, wurden erst einmal nach dem Alter gefragt. Einige waren auch wirklich jünger als ich. Lagen jedoch nicht auf meiner Massage-liege. Außerdem sagte mein Herz nichts zu diesen Männern.

Dann war ich auf einem Seminar als Masseurin eingeteilt worden. Und da lag der erste Mann auf meiner Liege. Gar nicht mein Typ. Dann lag der zweite Mann auf meiner Liege. Verheiratet. Also wieder nix.
Eines Abends war Disco für die Seminarteilnehmer angesagt, es wurde gelacht und viel getanzt. Da fiel mir Mann Nr. 1 von meiner Liege wieder ins Auge. Mein Gott, konnte dieser Mann tanzen! Irgendwann trafen wir uns bei Erdnüssen und Wein wieder und quatschten den ganzen Abend. Er war jünger als ich. Viel jünger als ich! Lag auf meiner Liege, und ich verbot meinem Herzen, etwas zu fühlen. Hallo? Der Mann war dreizehn Jahre jünger als ich! Fünf Jahre hätte mein Kopf durchgehen lassen. Aber dreizehn? Nein, das ging auf keinen Fall.

Doch der „Zufall“ spielte Amor. Am letzten Tag kam ich zu spät zum Vortrag. 120 TeilnehmerInnen saßen in dem Raum. Ein Platz in den hinteren Reihen war noch frei. Rate mal, wo? Genau: Neben Mann Nr. 1, der auf meiner Liege lag, der so gut tanzen konnte und so viel jünger war als ich. Also setzte ich mich neben ihn. Fast am Ende des Vortrags hielt er mir seine Hand hin, und ich legte meine in seine. Mein Herz schlug mir bis zum Hals. Wir tauschten Handynummern aus, und unsere Wege trennten sich. Unsere Herzen jedoch wollten es anders.
Er lebte in Leipzig, ich in Münster. Wir telefonierten viel. Über diese Entfernung kamen wir uns immer näher. Dann lud ich ihn nach Münster ein. Mein Kopf hatte nichts mehr zu sagen, von da an tanzte nur noch mein Herz.

Lange habe ich gebraucht, bis ich den Altersunterschied annehmen konnte. Ganz im Gegensatz zu meinen Freundinnen: „Super, du hast einen Freund, der jünger ist! Genieß es!“
Der Gedanke „Du kennst ihn schon“? Ich denke, dass wir uns aus einem anderen Leben kennen. Diese Vertrautheit, die von Anfang an da war, ist erstaunlich.

Intuition ist schon was Wunderbares!

Intuition: *„Meine Liebe. Und ich meine es genau so: Meine Liebe! Lange hast du gebraucht, bis du Vertrauen zu mir gefasst hast. Oft hast du mich weggedrückt, mich überhört. Gerade dann, wenn es um Entscheidungen ging. Du hättest dir so manches Leid ersparen können. Und doch hast du jede Erfahrung gebraucht, um genau da zu sein, wo du jetzt bist.* ***Ich freue mich auf ein Leben in dir und mit dir. Gemeinsam sind wir stark!“***

Du siehst, je mehr du dich kennen lernst und besser verstehst, warum du in einer Situation so oder so handelst, desto besser klappt das z.B. mit einem neuen Partner. Vorausgesetzt du suchst jemanden!

Übung: entspannte Intuition

Je entspannter du bist, desto besser wirst du deiner Intuition folgen und vertrauen. In stressigen Zeiten haben wir oft das Gefühl, dass Kopf und Herz oder Bauch voneinander getrennt sind.
In der Ruhe können wir unsere Intuition besser wahrnehmen. Autogenes Training, Progressive Muskelentspannung, Meditationen, Achtsamkeitspraxis sind einige Übungsformen, die dir dabei helfen werden.
In dem Kapitel „Annehmen, was ist" findest du eine Meditations-Übung, um deine Körperwahrnehmung zu schulen.

Mache es dir bequem. Wenn du magst, höre entspannte Musik und stelle dir zum Beispiel vor, dass in dir eine weise Person wohnt. Vielleicht entsteht ein Bild oder ein Gedanke zu dieser Person. Du kannst dieser Person Fragen zu einem Problem stellen. Die Lösung kommt als erster Gedanke oder als erstes Bild. Als deine Intuition. Übung macht den Meister.
Bleib dran!

Schule deine Intuition, indem du in Situationen den ersten Gedanken oder das Bauchgefühl wahrnimmst und danach handelst. Schreibe dein Gefühl oder den ersten Gedanken auf. Lege dir ein kleines Buch dafür an.

Annehmen, was ist: den dicken Bauch, die Krampfadern an den Beinen, die immer dünner werdenden Haare, die Traurigkeit, die Wut – oder was auch immer

Kritikerin: *„Heike-Schätzchen, doch nicht mit mir! Ich gebe zu jedem und allem meinen Kommentar ab. Annehmen, was ist – das ist das Gegenteil meiner Natur!“*

Ich: „Ja, ich weiß. Ich übe ja auch immer wieder. Und du bist eine tolle Lehrerin für mich!“

Kritikerin: *„Immer wieder gerne. Ich tue mein Bestes!“*

Den meisten Menschen fällt es schwer anzunehmen, was ist.
Du bist traurig, mutlos, verzweifelt, wütend. Was ist das Erste, das du versuchst, wenn du diese Gefühle hast?
Richtig. du versuchst sie zu ignorieren, sie „wegzumachen“. Funktioniert deine Strategie? Dann melde dich bitte bei mir, denn das wäre neu für mich.

Wenn du diese Gefühle „wegmachen“ willst, verdrängst du sie. Verdrängen heißt, du schiebst sie lediglich zur Seite. Und da warten sie dann darauf, dass sie abgeholt werden, diese Gefühle. Das passiert in den wenigsten Fällen. Sie schmollen vor sich hin, werden hartnäckig. Du packst sie in den Rucksack. Sie verteilen sich im Körper. Werden zu Krankheiten.

Eine Entspannung geschieht, wenn ich mir sage: „Ja, ich bin traurig und ich darf das jetzt sein.“ Es kann passieren, dass sich andere Stimmen melden. Dürfen sie auch. Auch das nimmst du an. Lehn dich zurück, atme tief in den Bauch und höre deinen Stimmen zu, was sie zu sagen haben. Mehr nicht. Wie bei der Kommunikations-Übung. Höre zu, lausche.
Auch diese Übung will erlernt sein. Bleibe beharrlich und übe immer und immer wieder.

Situationen, die so sind, wie sie sind, anzunehmen, braucht Übung und Gelassenheit. Mir in diesen Situationen „Alles ist gut“ zu sagen und einen oder mehrere tiefe Atemzüge zu nehmen, hilft mir.

Ich habe in mehreren Beziehungen versucht, meinen Partner zu verändern. Viel Energie habe ich vergebens in diese Versuche gesteckt. „Wenn er nur dies und das tun würde, dann wäre doch alles super! Ich weiß doch, wie es funktioniert!“ Kennst du das? Irgendwann habe ich begriffen, dass nur ich mich ändern kann. Keineswegs mein Kind, meinen Partner, meine Mama, meinen Chef, meine KollegInnen. Vergebens! Versuchte ich es trotzdem, hatte ich nur das Gefühl: „Ich habe versagt, ich kann den anderen Menschen um keinen Preis retten.“ Eine gute Kollegin von mir sagte mir darauf: „Heike, bist du größenwahnsinnig? Bist du Gott? Du kannst keine Menschen retten!“ Und ich bin dankbar, dass ich sehen darf, dass wir alle unsere Fehler machen dürfen.

Übung: Annehmen, was ist – auch die Kritikerin, den Antreiber, die Krampfadern ...

„Was Hänschen nicht lernt, lernt Hans nimmermehr“ – das ist ein Spruch, dem viel Wahrheit innewohnt. Wir stehen uns bei neuen Lernschritten oft selbst im Weg. Was ich sagen möchte: Sei geduldig mit dir! Wenn du ungeduldig am Grashalm ziehst, wächst dieser keineswegs schneller. Du ziehst höchstens den ganzen Halm heraus und musst wieder von vorn anfangen, indem du Samen aussäst. Und der Hans lernt langsamer, weil er das Neue über das Alte setzen muss. Außerdem gibt es ja noch den Inneren Schweinehund oder den Verhinderer. Und die mögen keine Veränderungen.

Kritikerin: *„Genau, lass mal schön alles beim Alten. Da weißt du auch, was du hast.“*

Ich: „Ich hab’ jetzt eine Übung für die LeserInnen, willst du mitmachen?“

Kritikerin: *„Die kenn’ ich doch schon. Da lieg’ ich mit dir rum und tu’ nix.“*

Antreiber: *„Ja, da muss ich der Kritikerin rechtgeben. In der Zeit könntest du doch lieber die Wäsche aufhängen und Mittagessen kochen, das muss noch gemacht werden, bevor das Kind aus der Schule kommt. Los, komm schon!“*

Lasse dich nicht von deinen Stimmen bestimmen. Bleibe bei dir und mache die folgende Meditation, um dich wahrzunehmen. Dich zu spüren. Dies geht im Alltag oft unter. Wir hetzen von einem Termin zum nächsten und funktionieren hervorragend. Nur das Fühlen kommt zu kurz.

Du kannst dir die folgende Meditation vorlesen lassen oder du scannst diesen QR-Code und hörst dir die Meditation auf YouTube an.

Viel Spaß!

Suche dir einen Raum aus, in dem du die nächsten dreißig Minuten ungestört bist. Schließe die Fenster. Sorge für Stille. Mache es dir bequem. Lege dich auf den Rücken. Lege dir ein Kopfkissen unter deinen Kopf. Falls gewünscht, decke dich mit einer Kuscheldecke zu.

Nimm den Untergrund unter dir wahr. Wenn du bequem liegst, möchte ich dich einladen, die Augen zu schließen. Nimm einen tiefen Atemzug durch die Nase bis in deinen Bauch. Atme durch den leicht geöffneten Mund wieder aus. Wiederhole diese Übung. Tief in den Bauch einatmen, und dann atmest du durch den leicht geöffneten Mund wieder aus. Ruckel dich gerne noch einmal zurecht. Liegst du bequem?

Gehe nun mit deiner Aufmerksamkeit zu deinen Füßen und stelle dir vor, dass dicke Wurzeln aus den Füßen in die Erde wachsen. Wenn dir das bildhafte Sehen mit geschlossenen Augen schwer fällt oder fehlt, denke dir meine Worte.
Die Wurzeln schlängeln sich immer tiefer in die Erde hinein, so dass du gut mit Mutter Erde in Verbindung stehst.
Nimm einen tiefen Atemzug durch die Nase bis in deinen Bauch und atme durch den leicht geöffneten Mund wieder aus.
Gehe mit deiner Aufmerksamkeit zu deinem rechten Fuß und nimm diesen wahr. Wie fühlt sich der rechte Fuß an? Halte einen Moment inne und spüre nach. Dann gehe mit deiner Aufmerksamkeit weiter zu deinem rechten Unterschenkel, dem rechten Knie und dem rechten Oberschenkel. Und nimm nur wahr. Ohne zu urteilen. Ohne zu denken: „Ach, so fühlt sich das Bein wieder an. Es schmerzt." Oder:

„Da ist gar kein Gefühl." Nimm wahr, was ist. Ohne zu urteilen. Wenn du nichts spürst, dann nimm wahr, dass du nichts spürst.
Falls Gedanken kommen, stelle dir eine Wolke vor oder denke dir neben deinem Kopf eine Wolke, und dann setze diese Gedanken auf die Wolke. Die Wolke nimmt deine Gedanken mit. Lass sie ziehen. Unser Kopf plappert sowieso den ganzen Tag. Eine neue Wolke kommt für den nächsten Gedanken. Lasse auch diesen Gedanken ziehen. Gedanken kommen und gehen. Wir lassen sie los. Immer wieder.
Nimm einen tiefen Atemzug durch die Nase bis in deinen Bauch und atme durch den leicht geöffneten Mund wieder aus.

Gehe nun mit deiner Aufmerksamkeit zu deinem linken Fuß und nimm diesen wahr. Wie fühlt er sich an? Halte einen Moment inne und spüre nach. Dann gehe mit deiner Aufmerksamkeit weiter zu deinem linken Unterschenkel, dem linken Knie und dem linken Oberschenkel. Und nimm nur wahr. Ohne zu urteilen. Wenn du nichts spürst, dann nimm wahr, dass du nichts spürst.

Nimm dein Gesäß wahr, die Lendenwirbelsäule, die Brustwirbelsäule, die Halswirbelsäule. Wahrnehmen. Spüren. Ohne zu urteilen. Annehmen, was ist. Falls es im Rücken schmerzt, sage auch hier nur: „Ja, ich habe Schmerzen." Nimm einen tiefen Atemzug durch die Nase bis in deinen Bauch und atme durch den leicht geöffneten Mund wieder aus.

Nimm deine rechte Schulter wahr, den rechten Oberarm, das rechte Ellbogengelenk, den Unterarm, die rechte Hand. Wie fühlt sich der rechte Arm an? Halte einen Moment inne und spüre nach. Nimm einen tiefen Atemzug durch die Nase bis in deinen Bauch und atme durch den leicht geöffneten Mund wieder aus.
Nimm deine linke Schulter wahr, den linken Oberarm, das linke Ellbogengelenk, den Unterarm, die linke Hand. Wie fühlt sich der linke Arm an? Halte einen Moment inne und spüre nach. Nimm einen tiefen Atemzug durch die Nase bis in deinen Bauch und atme durch den leicht geöffneten Mund wieder aus.

Gehe mit deiner Aufmerksamkeit zu deinem Unterleib, zum Oberbauch, zur Brust. Wie fühlt sich deine vordere Seite an? Wie, denkst du, könnte sich deine vordere Seite anfühlen? Halte einen Moment inne und spüre nach. Nimm einen tiefen Atemzug durch die Nase bis in deinen Bauch und atme durch den leicht geöffneten Mund wieder aus. Setze immer wieder aufkommende Gedanken auf eine Wolke. Lasse deine Gedanken ziehen. Bleibe im Hier und Jetzt bei dir. Ohne zu urteilen. Wahrnehmen, was ist.

Nimm deinen Hals wahr. Die Halswirbelsäule, den Kehlkopf. Gehe mit deiner Aufmerksamkeit zu deinem Hinterkopf und nimm diesen wahr. Wie liegt der Kopf auf dem Kissen? Was nimmst du wahr? Ohne zu urteilen. Nur wahrnehmen. Nimm einen tiefen Atemzug durch die Nase bis in deinen Bauch und atme durch den leicht geöffneten Mund wieder aus.
Nimm deine Stirn wahr, die Augen, die Ohren, die Nase, den Mund, deine Zunge, die locker im Mund liegt, die Lippen. Nimm dich wahr. Nimm dich wahr, wie du auf dem Boden liegst, dich ganz dem Boden anvertrauen kannst. Der Boden hält und trägt dich.
Nun stelle dir vor – oder denke dir –, auf deinem Kopf ist ein Fenster, das du aufmachst. Aus dem Himmel kommt ein Band in deinen Kopf hinein. Nimm wahr, dass du mit dem Vater im Himmel in Verbindung stehst. Nimm einen tiefen Atemzug durch die Nase bis in deinen Bauch und atme durch den leicht geöffneten Mund wieder aus.

Verweile noch einige Minuten in Stille.

Falls dir die Wortwahl „Mutter Erde“ und „Vater im Himmel“ missfällt, ersetze sie durch andere Wörter oder lasse diese Wörter weg. Halte dich in diesem Fall keineswegs an Wörtern fest!

Ent-Scheidungen oder: Von was wollte ich mich noch mal trennen?

Wir treffen jeden Tag Mengen von Entscheidungen. Was ziehe ich heute an? Wie belege ich mein Brötchen? Schminke ich mich heute oder nicht? Alles Entscheidungen, über die wir nicht mehr nachdenken. Und wie geht es dir mit deinen Entscheidungen? Siehst du gut aus, wenn du aus dem Haus gehst? Hast du das gefrühstückt, was dir nicht schmeckt, oder das, was dir schmeckt? Du hast nicht groß nachgedacht. Du hast einfach gemacht. Du lässt wahrscheinlich hier deine Intuition die Entscheidung in die Hand nehmen. Erinnerst du dich? **Der erste Gedanke und das Bauchgefühl sind die Intuition.**
Du hast immer die Wahl! Du kannst entweder so oder so entscheiden. Sich von diesem oder jenem scheiden oder trennen. Es gibt keine falschen Entscheidungen! Na, das ist doch eine tolle Neuigkeit, oder? Jede Entscheidung bringt dich weiter. Du kannst rechts oder links herum deinen Weg gehen. Du wirst an dein Ziel kommen. Der Weg dorthin wird sich lediglich unterschiedlich gestalten und auch anfühlen.
Keine Entscheidung zu treffen lässt dich stehen bleiben. Es kommt keine Bewegung in die Situation. Gefühle von: du hängst in der Luft, willst keinen Fehler machen, andere nicht vor den Kopf stoßen, bist traurig oder angespannt, schleichen sich in uns ein. Manchmal quälst du sich vielleicht Tage, Wochen oder gar Monate, um eine Entscheidung zu treffen?

Ein Beispiel: Meine halbe Stelle als Büroangestellte und der Aufbau meiner Selbstständigkeit haben mich viel körperliche Kraft gekostet. Ich sprintete von einem Termin zum nächsten. Hatte keine Pausen zwischendurch. Mit Haushalt und Tochter. Nun, ich brauche dir da wohl nichts zu erzählen. Das ging ein Jahr lang gut. Bis sich in meinem Kopf ein Gedanke breitmachte: „Wie lange willst du das noch machen?“ Doch ich konnte mich nicht entscheiden, den Sprung in die Selbstständigkeit zu wagen. Ein weiteres Jahr habe ich für meine Entscheidung gebraucht.
Oha! Selbstständig! Selbst versichert sein, kein festes Gehalt – was, wenn ich krank werde? Meine Sorgen waren grenzenlos in meinem

Kopf. Ich habe mir ganz oft ein Stoppschild vorgestellt, um meine Gedanken zu stoppen. Sorgen! Bringen doch nix!

Mittlerweile hatte ich Schlafprobleme, Magen- und Rückenschmerzen, und mein Freund sagte: „Gibst du Stress in den Körper hinein, bekommst du Stress wieder heraus.
Und Stress ist ein anderes Wort für Angst!“
Natürlich! Mein Körper konnte gar nicht anders reagieren. Stress erzeugt Stress. Druck erzeugt Gegendruck, Glück zieht Glück an.
Also bin ich gesprungen, in mein Vertrauen, in meine Selbstständigkeit. Nachdem ich mich entschieden hatte, lief es großartig. Wieder gingen neue Türen auf.
Vor einem neuen Schritt steht immer erst die Entscheidung.

Übung: Fühl mal in deine Ent-scheidung hinein

Du brauchst eine Lösung für ein Pro-blem. (Wenn du dir das Wort Pro-blem so anschaust, ist es sogar positiv).

Nimm dir Zeit, um in die Entscheidungsoptionen hineinzufühlen. Fühlst du Enge, Druck, Angst in deinem Körper, dann ist diese Option mit Enge, Druck und Angst verbunden. Fühlst du, dass dein Herz weit wird, der Bauch weich ist, die Kehle weit ist, dann ist dir dieser Weg sicher angenehmer.

Nimm auch hier wieder das erste Gefühl oder den ersten Gedanken. Noch einmal zur Erläuterung: **Alles, was nach dem ersten Gefühl oder dem ersten Gedanken kommt, ist nicht mehr Intuition, sondern der Verstand,** der uns zweifeln lässt, abwägt.
Zu 99 Prozent ist die Entscheidung schon gefallen, wenn du über das Pro-blem nachdenkst. Das Gefühl oder der erste Gedanke waren bei dem Pro-blem schon da, und wir haben sie ganz schnell weggewischt. Das Vertrauen in unsere Gedanken und Gefühle ist uns verlorengegangen. Dann kommen die sogenannten Zweifel, und wir überdenken die Entscheidung noch einmal – und noch einmal. Darüber werden wir unsicher und wissen nicht mehr, was wir tun sollen.

Entscheidungen, die du immer und immer wieder hin- und herwälzst, sind keine guten Entscheidungen. Es darf leicht sein. Es darf sich richtig anfühlen. Ist es stimmig, wird dir bei der Entscheidung, die du getroffen hast, geholfen. Fühlt sich deine Entscheidung nicht stimmig an, wird dir auch geholfen: Es wird eine neue Situation geben, bei der du deine Entscheidung überdenken kannst.
Und: Nobody is perfect. Wir machen unsere Erfahrungen; so oder so. Und wenn es dann mal schief gegangen ist, ist es keine große Sache. Bist du hingefallen? Na und? Aufstehen, Krone richten und weitergehen.

Denn: Wer die Courage besitzt, für seine Erfahrungen einzustehen, gewinnt an Selbstbewusstsein.

Bitte nimm dir Zeit für dich selbst und spüre in deine Ent-scheidung hinein.

Voice Dialogue – neue Fahrgäste

Du hast dich mit deinen Stimmen nun schon vertraut gemacht. Klappt es gut? Das freut mich für dich!

Falls du Unterstützung benötigst, dich in die Stimmen hineinzuversetzen: buche ein kostenloses Kennlern-Gespräch oder eine Coaching-Stunde.

Damit du ein Gefühl davon bekommst, wie eine solche Sitzung abläuft, habe ich jetzt ein Beispiel für dich.

Mein Coach und ich sitzen uns dabei gegenüber.

Heike: „Ich glaube, ich rutsche mehr und mehr in eine Überforderung hinein. Mein Antreiber ist so stark! Ich würde gerne hören, was er zu sagen hat."

Coach: „Prima. Gib deinem Antreiber eine Stimme. Suche dir in diesem Raum einen Platz aus, wo der Antreiber jetzt sein möchte."

Es ist wie Theater spielen: Ich gehe in eine Rolle hinein.
Der Antreiber in mir steht auf und sucht sich einen Platz im Zimmer.
Er steht ganz dicht hinter mir.

Coach: „Hallo. Du bist also der Antreiber von Heike. Schön, dich zu sehen."

Antreiber: *„Ja, hallo. Ich weiß nicht, was ich hier soll. Ich fühle mich vorgeladen."*

Seine Haltung ist sehr reserviert, ziemlich großspurig, etwas arrogant.

Coach: „Das tut mir leid, dass du diese Einladung so empfindest. Heike hatte das Gefühl, dass du zu Wort kommen wolltest."

Antreiber: *„Heike hatte das Gefühl, dass ich zu Wort kommen wollte? Es ist wohl eher so, dass Heike mir etwas sagen will."*

Coach: „Hm, das kann sein. Aus ihren Erzählungen höre ich, dass du sehr aktiv bist. Dein Bestes gibst. Sie den ganzen Tag antreibst. Also deine Arbeit gut machst. Sie ist auch bestens mit dir zufrieden. Wenn ich überlege, was sie mit deiner Hilfe alles erreicht hat: Sie macht mobile Massagen in Firmen, Atem- und Entspannungsübungen auf den Palliativstationen, Kurse mit Kindern, die Lernschwierigkeiten haben, wirkt an Schulen für Pflegepersonal mit, hat die Ausbildung zum Entspannungspädagogen absolviert, bietet Entspannungstage in Firmen an – also, ich finde, du hast tolle Arbeit geleistet."

Antreiber (ohne Emotion): *„Danke."*

Coach: „Was ist deine Angst?"

Antreiber (wird traurig, es kommen Tränen): *„Meine Angst ist, dass ich ihr zu viel werde. Ich finde kein Maß mehr. Ich treibe und treibe und treibe – und lasse keinen anderen mehr dazwischen. Selbst im Urlaub lasse ich sie das hier schreiben ... Es ist nicht so, dass ich nicht fühlen kann, wie erschöpft sie ist."*

Coach: „Was passiert, wenn du andere dazwischen kommen lässt?"

Antreiber: *„Die Erschöpfung, die Faulenzerin – ich habe Angst, dass sie sich ganz breit machen. Dass Heike den ganzen Tag im Bett liegt und nichts macht."*

Coach: „Was ist daran so schlimm, nichts zu tun?"

Antreiber: *„Menschen, die nichts tun, sind faul. Zu nichts zu gebrauchen. Dann werden sie einsam. Ich will nicht, dass Heike einsam wird."* Er weint. *„Als Heike fünfzehn war, da hatte sie eine Null-Bock-Phase. Sie war so einsam ... "*

Meine Erinnerungen sind sehr deutlich spürbar. Ich mache Pause, um zu fühlen. Ich schreibe gleich weiter ...

Ich hatte mich damals in der Schule so sehr angestrengt, und das Lernen fiel mir unglaublich schwer. Ich schrieb trotz Anstrengung meine Fünfen und musste die neunte Klasse noch einmal wiederholen. Ich fühlte mich nicht verstanden, ungeliebt, einsam, nicht willkommen. Ich war kurz davor, mir das Leben zu nehmen.

Coach: „Ich danke dir für deine Ehrlichkeit und dafür, dass du dich gezeigt hast! Ich kann gut verstehen, warum du Heike so antreibst."

Antreiber: *„Danke."*

Coach: „Durch ihre Tätigkeiten lernt sie ja auch viele Menschen kennen. Und wenn die Überlegung kommt, die mobilen Massagen loszulassen, kommt natürlich sofort deine Angst vor Einsamkeit mit hoch. Das kann ich gut nachvollziehen."

Antreiber: *„Ja, genau. Ich habe immer dafür gesorgt, dass viele Menschen um sie herum sind. Dann fühlt sie sich nicht einsam."*

Coach: „Danke, dass du das für Heike gemacht hast."

Antreiber: *„Gerne. Ich fühle mich gesehen. Ich weiß auch, dass ich so nicht weiter machen kann. Dann klappt sie mir zusammen."*

Coach: „Da hast du wohl Recht. Was ist dein Plan?"

Antreiber: *„Ich werde es zulassen, dass sie die mobilen Massagen abgibt."*

Ich, Heike, fühle mich zutiefst berührt.

Antreiber: *„Und sie muss im Urlaub nicht die ganze Zeit schreiben* (es jubelt in mir), *sie darf auch mal nichts tun, und ich schaue zu. Hoffentlich halte ich das durch!"*

Coach: „Das hört sich nach einem guten Plan an. Soll ich Heike noch etwas ausrichten?"

Antreiber: *„Ich liebe sie! Und will nur das Beste für sie. Es tut mir leid, wenn ich ihr zu viel aufgebürdet habe."*

Coach: „Das richte ich ihr gern aus. Tschüss."

Antreiber: *„Ja, tschüss."*

Ich gehe aus der Rolle heraus, setze mich wieder auf meinen Platz – und bin erleichtert. Es ist ja bei einer Sitzung nicht so, dass ich als Heike nichts mitbekomme.

Coach: „Ich fasse noch einmal für dich zusammen: Dein Antreiber hat sich so mächtig ins Zeug gelegt, weil er nicht wollte, dass du einsam bist. Deshalb hat er dir viele Menschen in die Arbeitswelt gebracht. Er hatte sich an eine Begebenheit erinnert, als du fünfzehn Jahre alt warst und nahe daran warst, dir das Leben zu nehmen. Du hattest dich so angestrengt, und es wurde nicht gesehen. Er wollte nicht, dass das noch einmal passiert."

Ich bin froh und dankbar für diesen Prozess. Jetzt kann ich meine Getriebenheit viel besser verstehen. Warum ich immer etwas Neues anfangen muss. Immer in Aktion sein muss. Mit meinen heutigen Erfahrungen weiß ich, dass ich, wenn ich mich einsam fühle, dies gut tragen kann. Mein Inneres Kind in den Arm nehmen und mich bemuttern kann. Oder jemanden, der mir nahesteht, anrufen und mich mitteilen kann. Oder um eine Umarmung bitte.
Jetzt, wo mir bewusst ist, woran es liegt, dass ich mich getrieben fühle, bin ich wieder am Steuer meines Busses und kann entscheiden.

Und das ist der große Vorteil dieser Methode. Ich lasse Muster oder Teilaspekte von mir nicht weiterhin über mich bestimmen, sondern **nehme mein Leben bewusst in meine Hände.** Ich integriere abgespaltene Gefühle, indem ich sie wieder zu mir nehme.
Für mich eine grandiose Freiheit!

Die Voice-Dialogue-Methode ist auch eine tolle Methode, um mit unterdrückten Gefühlen von Kindern in Kontakt zu kommen.

Ein zwölfjähriger Junge kam mit Ängsten zu mir. Angst, die Klassenarbeiten in der Schule nicht zu schaffen. Zu versagen. Ich kenne diesen wunderbaren Jungen als sehr angepasst, immer hilfsbereit und zuvorkommend.
Wir malten ein Bild von seiner Angst, die mächtig ist. Er malte eine große Festung ohne Fenster, in der er festsaß. Du siehst, auch hier hatte der Beschützer gute Arbeit geleistet.
Ich stieg in den Voice Dialogue ein, indem ich den Beschützer aufrief und mich bei ihm bedankte, dass er so gut auf den Jungen aufpasste. Der Beschützer fühlte sich geschmeichelt und gesehen.
Dann rief ich die Angst auf, die erzählte, wie es ihr ging.
Und dann rief ich seine Wut auf. Sie saß völlig apathisch auf dem Sessel. Begrüßte mich völlig abwesend. Es stellte sich heraus, dass die Wut bei dem Jungen nicht zum Zuge kam, nichts zu sagen hatte. Es machte mich ganz traurig. Das teilte ich dem Jungen mit. Die Wut wünschte sich, einmal die Meinung sagen zu dürfen, ohne gleich abgewürgt zu werden. Außerdem hatte die Wut gelernt, dass sie nicht willkommen war bei seiner Mama. Die reagierte nämlich wütend, wenn er wütend wurde.
Während dieses Prozesses konnte ich wahrnehmen, dass der Junge sich veränderte. Er setze sich anders hin, gewann an Größe. Entspannte sich.

Am nächsten Tag erzählte mir seine Mama, dass sie ein wunderbares Gespräch mit ihrem Sohn hatte. Über Ängste und das, was in der Schule so los sei. Über das, was ihn wütend macht – und vieles mehr.

Wochen später berichtete mir seine Mama glücklich: „Es ist, als ob wir einen anderen Jungen hätten. Viel aufgeschlossener!"
Viele Kinder finden diese Methode toll, denn sie können in die Rollen hineinschlüpfen und spielen.

Falls du ein Kind hast, welches Unterstützung benötigt, darfst du dich gerne melden. Wir schauen dann, ob die Bereitschaft bei dem Kind besteht eine Online-Session zu machen.

Übung: Lerne dein Team kennen

In den meisten Situationen wissen wir nicht, wer in uns die Macht oder das Sagen hat. Und genau darum geht es. Finde spielerisch heraus, welche Stimme in dir was sagt. Du kannst gern die Karikaturen aus diesem Buch nehmen, um schon mal ein Bild von deiner Kritikerin, deinem Antreiber, deinem Inneren Kind oder der Perfektionistin zu bekommen. Es kann auch sein, dass deine Kritikerin ein Kritiker ist. Der Antreiber eine Antreiberin ist. Schaue nach in deiner Vorstellung. Um die Stimmen plastisch darzustellen, kannst du dir kleine Handpuppen kaufen. Du kannst die Stimmen auch aufschreiben. Die Kritikerin wird immer Zweifel schicken, und du kannst es ihr nie recht machen. Der Antreiber wird dich noch mehr in den Stress gehen lassen, vieles zu erledigen. Die Perfektionistin wird immer sagen: „Das können wir noch besser." Das Innere Kind kann wütend, verzweifelt, traurig, bockig, trotzig, freudig, neugierig, kuschelig, liebesbedürftig sein. Mache dir die Stimmen bewusst, damit du verantwortungsbewusst agieren und reagieren kannst. Spreche, handle und fühle so, als wären es gute Freunde. Denke bitte daran, diese Stimmen kamen, um dich zu schützen.

Nehmen wir an, du führst ein Streitgespräch. Nach diesem Gespräch fühlst du dich unverstanden, und du reagierst mit Trotz und machst zu. Frag dich innerlich nach dem Gespräch: „Wer ist gerade trotzig?" Nimm den ersten Gedanken. Finde so für dich heraus, welcher Teil was sagt und warum dieser Teil so handelt. **Wir reagieren aus unseren Erfahrungen heraus.** Nur du hast die Macht, diese Erfahrung zu einer neuen Erfahrung zu machen. Indem du bewusst auf das trotzige Kind zugehst, fragst, was los ist, und sich seiner annimmst, kann die Situation „Streitgespräch" beim nächsten Mal anders ablaufen.

Und statt eines Busses hast du vielleicht ein Auto, ein Ruderboot, ein Segelschiff, ein Flugzeug, ein Orchester – was auch immer.
So lernst du dich immer besser kennen und kannst dementsprechend anders reagieren.
Du bist der Teamchef!

Fange an, dein Team kennen und lieben zu lernen. Dem Chef einer Firma nützen Mitarbeiter nicht, die gegen ihn arbeiten. Er kann seinen Laden schließen.

Kleine Heike: *„Ich finde Heike toll als Teamchef. Sie sieht mich. Spielt mit mir. Kuschelt mit mir. Wenn ich traurig bin, tröstet sie mich. Ich finde, sie ist wie eine Mama zu mir."*

Kritikerin: *„Aber als ich Chef war und den Bus gesteuert habe, da ging es mir viel besser!"*

Kleine Heike: *„Als du den Bus gesteuert hast, waren alle anderen so schlecht drauf. Alle saßen im Bus mit hängenden Köpfen. Keiner lachte."*

Antreiber: *„Als ich den Bus gesteuert habe, da waren wir verdammt flott unterwegs. Da gab es auch so manches Mal ein Knöllchen."*

Perfektionistin: *„Als ich den Bus gesteuert habe, hat wenigstens alles geklappt. Da kam Heike nie zu spät. Jetzt, wo sie den Bus fährt, wird sie auch schon mal unpünktlich."*

Beschützer: *„Gut, dass keiner wusste, dass ich hinter denen am Steuer stand und sie beschützt habe."*
Kontrolleur: *„Gut, dass ich hinten im Bus saß und alles unter Kontrolle hatte."*

Teamchef (Ich): „Gut, dass ich jetzt den Bus steuere und so wertvolle Fahrgäste habe."

Atem – warum wird der angesprochen? Der ist doch einfach da!

Was fällt dir zum Atem ein?
Schreibe alles auf, was dir einfällt.
Denke daran, du brauchst immer nur ehrlich zu dir selbst sein.

Zum Beispiel:
Brauche ich nicht darüber nachdenken, tue ich ja.
Atem kommt und geht.
Es atmet mich.
Atem ist Leben.
Ohne Atem kein Leben.

Und jetzt du:

Was hast du über deinem Atem herausgefunden?
Und warum wollte ich, dass du über den Atem nachdenkst?
Ohne dieses Wunder „Atem“ wären du und ich nicht hier auf der Erde.
Atem ist Leben! Lebst du? Ja, ich weiß, dass du lebst! Aber lebst du, **lässt du das Leben in dich hinein?**

Beobachte für eine Minute deinen Atem-Rhythmus.
Lege das Buch für eine Minute aus der Hand und tue es. **Jetzt!**

Pause.

Was hast du über deinen Atem herausgefunden?
Atmest du tief in die Brust hinein? Atmest du tief in den Bauch hinein? Atmest du flach ein, flach aus? Bewegt sich dein Bauch oder deine Brust bei deiner Atmung? Ist das Zwerchfell bei deiner Atmung involviert?

Zu 90 Prozent haben wir Menschen einen flachen Atem. Der Atem kommt, wir machen eine Pause, der Atem geht, wir machen wieder eine Pause. Wenn du Babys beobachtest, geht der Atem folgendermaßen: Einatmen, Ausatmen, Einatmen, Ausatmen. Die Babys machen keine Pausen. Wieso machen wir eine Atempause? Wieso atmet jeder Mensch unterschiedlich? Weil jeder Mensch sich ein Atem-Muster angeeignet hat. Und die Babys haben noch nicht so viele Muster. Wir legen diese Muster im Laufe unseres Lebens an.

Wenn du flach einatmest, behaupte ich, dass du das volle Leben nicht in dich hineinlässt.
Wenn du wenig ausatmest, behaupte ich, dass du schlecht loslassen kannst.
Wenn du den Atem herauspresst, behaupte ich, dass du stark unter Druck oder Anspannung stehst.
Dieses behaupte ich natürlich nur für den Fall, dass du gesund bist.
Im Krankheitsfall kann sich die Atmung verändern.

In meinen Seminaren ermutige ich die TeilnehmerInnen, tief einzuatmen. So tief, dass der/die NachbarIn die Person hören kann. Bei der ersten Ermutigung passiert in den meisten Fällen nichts. Bei der zweiten Ermutigung atmet der eine oder andere schon mal ein bisschen lauter. Jedoch nicht zu sehr. Interessant! Auf Nachfragen erzählen mir die TeilnehmerInnen, dass sie nicht auffallen wollen, die anderen nicht stören wollen. In den seltensten Fällen heißt es: „Ich weiß nicht, wie."
Du siehst, auch hier, beim Atmen, fallen Muster an, die wir uns angeeignet haben.

In Konfliktsituationen sind wir – wie du das aus dem Voice Dialogue kennst – identifiziert mit Emotionen wie zum Beispiel Wut, Hilflosigkeit, Verzweiflung, Trotz und Empörung.

Wir fühlen uns persönlich angegriffen und reagieren aus unseren Emotionen heraus. Zur eigenen Sicherheit bauen wir einen Schutzschild auf. Es zählen nur noch Angriff oder Flucht.
„Mir bleibt die Luft weg", „Er/sie raubt mir den Atem", „Ich ringe um Luft", „Meine Brust ist so eng", „Ich habe einen Stein auf der Brust liegen" – all das sind Ausdrücke, die wir kennen. Was macht dein Atem in Konfliktsituationen oder bei Druck und Anspannung? Atmest du noch, oder hältst du die Luft an?

Wir brauchen den Atem, den Sauerstoff. Beim Einatmen gelangt der Sauerstoff über die Blutbahnen in unseren gesamten Organismus, hält uns am Leben. Wenn wir uns bewusst Zeit für unseren Atem nehmen, nehmen wir uns bewusst Zeit für uns.
Es ist ja auch nicht so, dass wir montags einatmen und am Samstag wieder ausatmen. Wir atmen einfach. Es passiert.
Schenke deinem Atem Aufmerksamkeit. Schenke deinem Leben Aufmerksamkeit!

Mache dir mit der nächsten Übung ein Geschenk.

Übung: Ich spür' mal in meine Räume rein

Gehe auf Entdeckungsreise. Sei neugierig wie ein Kind. Nimm dir jeweils fünf bis zehn Minuten Zeit für die jeweilige Übung.
Teilnehmerinnen aus meinen Seminaren berichten, dass sie sich nach den Übungen entspannter und ausgeglichener fühlen. Die Konzentration auf den Atem zu richten ist gleichzusetzen mit einer Meditation.

Bauchatmung
Du liegst auf dem Rücken, deine Beine fallen leicht auseinander, und die Augen sind geschlossen. Solltest du Beschwerden mit dem unteren Rücken haben, so kannst du auch die Füße auf dem Boden aufstellen. Die Hände liegen auf dem Bauchnabel. Du kannst diese Übung auch im Sitzen machen.
In der ersten Phase lasse den Atem sanft in deinen Bauch hineinfließen. Anders ausgedrückt: nicht du atmest, sondern es atmet dich. Dabei wölbt sich der Bauch nach außen, das Zwerchfell wird angespannt, und nach unten gezogen, und die unteren Flügel der Lunge werden mit Luft gefüllt. Dadurch, dass das Zwerchfell nach unten gezogen wird, werden die Bauchorgane wie Milz, Nieren und Magen vom Zwerchfell sanft massiert. Atme durch die Nase ein und durch den leicht geöffneten Mund wieder aus.
Beim Ausatmen spannst du am Ende die Bauchmuskulatur ein wenig an und ziehst damit den Bauch ein wenig ein. Atme so lange aus, bis der Impuls zur Einatmung von allein kommt.
Bitte achte darauf, dass der Atem nicht gepresst wird; er kommt und geht von selbst.

Brustkorbatmung
Du liegst auf dem Rücken, deine Beine fallen leicht auseinander, und die Augen sind geschlossen. Solltest du Beschwerden mit dem unteren Rücken haben, so kannst du auch die Füße auf dem Boden aufstellen. Die Hände liegen sanft auf dem Brustkorb. Du kannst diese Übung auch im Sitzen machen.
Lenke deine Aufmerksamkeit zu deinem Brustkorb.

Atme durch die Nase ein und durch den leicht geöffneten Mund wieder aus. Einatmend dehnt sich der Brustkorb, ausatmend senkt sich der Brustkorb.
Während sich bei der Brustkorbatmung der mittlere Teil der Lunge mit Luft füllt, bleiben Schultern und Bauch unbeweglich.

Rippenatmung

Du liegst auf dem Rücken, deine Beine fallen leicht auseinander, und die Augen sind geschlossen. Solltest du Beschwerden mit dem unteren Rücken haben, so kannst du auch die Füße auf dem Boden aufstellen. Die Hände liegen sanft seitlich auf den Rippenbögen. Du kannst diese Übung auch im Sitzen machen.
Lenke deine Aufmerksamkeit zu den Rippen.
Atme durch die Nase ein und durch den leicht geöffneten Mund wieder aus.
Beim Einatmen ziehst du den Bauch zu deiner Wirbelsäule, die Rippen dehnen sich dabei zu beiden Seiten auf, beim Ausatmen löst du die Anspannung der Bauchmuskulatur wieder und atmest durch den leicht geöffneten Mund aus.

Diese Atmung hat auch gleich positive Auswirkungen auf deinen Körper: Der Blutkreislauf für die inneren Organe wird angeregt, die Nerven werden beruhigt, Angstzustände werden gemindert, Schlackenstoffe können besser abtransportiert werden, das Gehirn wird mit mehr Sauerstoff versorgt und somit leistungsfähiger, die Muskeln sind entspannter, der Körper wird mit Energie aufgeladen, die Verdauung wird angeregt.

Um dir diese Übung zu verdeutlichen,
findest du mit diesem QR-Code
ein Video auf YouTube.

So aufgeladen mit neuer Energie und total entspannt kannst du dir nun eine **Schatz-**...

...-Kiste für ein gestärktes Selbstwertgefühl basteln

Kritikerin: *„Wozu brauchst du die denn? Ist doch alles supi!"*

Ich: „Die brauche ich, wenn ich dir zu viel Macht in mir gegeben habe. Wenn ich dir die Erlaubnis gegeben habe, mich runterzuziehen. Mich wertlos zu fühlen, zum Beispiel keine gute Mutter zu sein. Wenn ich das Gefühl habe, unzufrieden mit mir und der ganzen Welt zu sein. Dann hast du gute Arbeit geleistet."

Kritikerin: *„Oh, danke schön. Aber so eine Kiste schwächt mich. Die schiebt mich in die letzte Reihe im Bus. Da sitze ich gar nicht gerne. Von da aus kann ich nicht gut arbeiten."*

Ich: „Naja, auch du brauchst mal eine Pause."

Kritikerin: *„Ich fühle mich nicht ernstgenommen von dir."*

Ich: „Entschuldige bitte."

Kritikerin: *„Ich bin ja schon froh, dass du die Kiste in den Schrank gestellt hast. Vor ein paar Jahren hast du noch jeden Tag in diese doofe Kiste geschaut. Das war kaum auszuhalten."*

Ich: „Ich danke dir, liebe Kritikerin. Jetzt wissen die LeserInnen, wofür sie diese Kiste brauchen."

Übung: Jetzt wird gebastelt!

Meine Kritikerin hat dir schon alles erzählt. Du brauchst diese Schatzkiste, wenn du schlecht drauf bist und kein gutes Haar mehr an dir lässt. Wenn die Wertlosigkeit und die Einsamkeit dich überrollen. Wenn die Angst dich fest im Griff hat und du die Liebe nicht mehr spüren kannst.

Bitte deine Familie, deine Freunde oder ArbeitskollegInnen, dir Karten zu schenken, auf denen geschrieben steht, was sie toll an dir finden.

Ein Beispiel:
Liebes Schwesterherz,
danke, dass es dich gibt! Du machst mein Leben mit deiner Leichtigkeit reicher. Ich liebe deinen Humor. Du hast mich oft getragen, und dafür danke ich dir von ganzem Herzen. Ich freue mich auf viele schöne Jahre mit dir.
In Liebe
Dein Schwesterherz

Hole dir zum Beispiel einen Schuhkarton. Gestalte diesen Karton in deinen Lieblingsfarben, mit tollen Motiven, und lege die geschenkten Karten in diese Schatzkiste.

Du kannst auch Urlaubserinnerungen in diese Schatzkiste legen: Steine, Muscheln, kleine Briefe von deinen Lieben. Die Möglichkeiten sind grenzenlos.

Immer dann, wenn die Innere Kritikerin oder eine andere Stimme dich heruntergeputzt hat, hole dir die Schatzkiste und lies diese wunderbaren Karten durch. Mache es dir mit einer Tasse Kaffee oder Tee gemütlich.

All das, was auf den Karten steht, bist du!

Und das, was auf den Karten steht, bestimmt auch schon das nächste Kapitel.

Die Stimmen in deinem Kopf sind Stimmen in deinem Kopf. Punkt.

Die Liebe

Ich lechze danach!

Wenn du mir sagst, dass ich ein wunderbarer Mensch bin,
fühle ich mich von dir geliebt.

Wenn du in mein Lachen einstimmst,
fühle ich mich von dir geliebt.

Wenn du bei mir bist, fühle ich mich von dir geliebt.

Wenn du mich hältst, fühle ich mich von dir geliebt.

Wenn du mich tröstest, fühle ich mich von dir geliebt.

Wenn du mich annimmst, mit all meinen Fehlern,
fühle ich mich von dir geliebt.

Wenn du mich aushältst, so wie ich bin,
fühle ich mich von dir geliebt.

Wenn du mich so anerkennst, wie ich bin, obwohl ich mich noch
nicht so anerkennen kann, fühle ich mich von dir geliebt.

Wenn du meine Seele liebst, obwohl ich sie noch nicht lieben
kann,
fühle ich mich von dir geliebt.

Ich lechze nach deiner Anerkennung und Liebe, weil ich sie mir
noch nicht geben kann.

Mein Herz dankt dir.

(Heike Fischer)

Das Höchste, wonach wir Menschen streben, sind Liebe, Annahme und Anerkennung. Wir wünschen uns die Anerkennung anderer Menschen so sehr. Vater und Mutter, Freunde, Chef oder Kollegen. „Sag' mir, dass ich gut bin. Dass ich alles richtig mache. Lobe mich für meine tolle Arbeit." Bleibt die Anerkennung aus, schimpfen wir auf die anderen Menschen. Kommt die Anerkennung, können wir sie nicht annehmen: „Ach, das hab' ich doch gerne gemacht" oder „Das war doch nicht der Rede wert" sind Ausdrücke dafür. Ja, was sollen die anderen denn dann tun? Loben oder nicht? Es darf anerkannt werden, dass nur wir uns die Anerkennung geben können. Manche werden den Satz **„Eigenlob stinkt!"** in den Ohren haben. Viele Menschen sind mit diesem Satz aufgewachsen. Lasse dir von mir gesagt sein: Lasse diesen Satz los! Schmeiße ihn **in die Mülltonne!"**

Wir sind so darauf getrimmt worden, dafür zu sorgen, dass es den anderen gutgeht, dass wir uns dabei vergessen haben. **Denke um! Wenn es dir gutgeht, geht es auch allen anderen gut! Übe immer wieder dich so anzunehmen, wie du bist. Selbstannahme bringt dich in ein glücklicheres Leben!**

Denke daran: du bist der Chef in deinem Kopf.

Du kannst umdenken!

Übung Selbstannahme: Ich bin toll, und das sag' ich mir sogar vor einem Spiegel, direkt ins Gesicht

1. Erkenne dich selbst an
Bevor du einschläfst, gebe dir eine, zwei oder drei Anerkennungen für etwas, das du an diesem Tag gut gemacht hast. Dabei denke ich oft an meine Freundin, die sich einmal dafür eine Anerkennung gab, dass sie das Licht auf der Toilette ausgemacht hatte. Es müssen also nicht die großen Dinge sein.

Und an einem anderen Tag sagst du dir, wofür du dankbar bist.

Bei diesem positiven Denken wird dir bewusst, dass du ein wunderbarer Mensch bist und reich beschenkt wirst vom Leben.
Und immer schön weitermachen! Ein Muskel baut sich auch nicht in zwei Tagen auf.

Lege dir ein kleines Buch neben dein Bett.
Aufschrift: Anerkennungs-Buch.

Was mir heute gut gelungen ist:

Ich habe daran gedacht, das Licht auf der Toilette auszumachen.
Ich habe richtig guten Kaffee gekocht.
Ich habe meine Nachbarin gegrüßt.
Ich habe daran gedacht, mich anzuerkennen.
Ich habe mich heute Morgen im Spiegel angelächelt.

Schreibe jeden Tag fünf Dinge auf, für die du dich anerkennst. Mögen sie noch so klein sein. **Tue es!**

Nach zwei Wochen fängst du an, Dinge an deinen ArbeitskollegInnen oder deinen Kindern wertzuschätzen.

Liebe Rieke, ich danke dir dafür, dass du heute Morgen für mich Kaffee gekocht hast.

Lieber Bruder, ich danke dir dafür, dass du nachfragst, ob alles mit meinem Auto in Ordnung ist.
Liebe Mama, ich danke dir, dass du mir das Leben geschenkt hast.
Liebe Tochter, du hast so lecker gekocht. Danke dafür.
Mein Engel, wie schön, dass es dich gibt.

Ich höre dich schon sagen: „Na, eigentlich könnten das ja auch mal die Anderen sagen!" Höre dir diesen Gedanken an und sage dir innerlich: „Ich kann mein Bedürfnis nach Anerkennung gut wahrnehmen." Dann fahre mit der Anerkennung für die anderen Menschen fort. **Tu es!**

Je mehr du in eine Beziehung hineingibst, desto mehr bekommst du zurück – und was du gibst, erfüllt auch dich.

Einige meiner Fahrgäste wollen sich gern anerkennend äußern:
Kleine Heike: *„Ich will dir auch mal was Tolles sagen. Also, ich finde es super, dass du dir immer öfter Zeit für mich nimmst. Obwohl wir Februar haben, hast du gestern mit mir ein Eis gegessen. Das ist dir sonst immer zu kalt. Und das war lecker!"*

Antreiber: *„Na, dann mach' ich mal weiter. Also, ich finde es gut, dass wir immer mehr und mehr zu einem Team zusammenwachsen."*

Perfektionistin: *„100-prozentig!"*

Gute Mutter: *„Du gibst wirklich dein Bestes, Heike. Ich bin stolz auf dich und unser Ergebnis."*

Erschöpfte: *„Gut, dass du die Ausbildung zur Entspannungspädagogin gemacht hast! Da komm' ich voll auf meine Kosten."*

Intuition: *„Ich drück' dich, meine Liebe."*

Kritikerin: *„Äh, ja, also, was soll ich sagen ... Damit bin ich echt überfordert. Da fällt mir gerade nix ein."*

Ich: „Das hätte mich auch gewundert!"

Beschützer: *„Ich bin gerne bei dir!"*

Kontrolleur: *„Alles paletti!"*

2. Spiegelarbeit

Stelle oder setze dich vor einen Spiegel. Es geht immer wieder um deine Akzeptanz. Dich so zu sehen, wie du bist. Du kannst an einigen Stellen deines Körpers nichts verändern. Er ist so, wie er ist. Du kannst allerdings deine Einstellung zu dir selbst verändern.

Wenn du seit dreißig Jahren zum Beispiel deine Nase nicht magst oder die Beine zu dick oder zu dünn findest, hast du dir dreißig Jahre lang gesagt: „So, wie ich bin, bin ich nicht in Ordnung." Hat es etwas verändert in deinem Leben, wenn du deine Nase oder die Beine nicht magst? Nein? Bist du dann bereit, einen anderen Weg einzuschlagen?

Gut.

Schaue dich im Spiegel an. Die Augen, die Ohren, den Mund, die Arme; jedes einzelne Körperteil. Nur anschauen, ohne Bewertung. Ja, so sehen meine Augen aus. Und ja, so sehen meine Ohren aus. Und so weiter.

Dann schaue, was du an dir magst. Irgendetwas wird es geben, und wenn es die rechte große Zehe ist.

Dann schaue, was du an dir nicht magst. Und dann blicke in deinen Rucksack. Ist da noch ein Glaubenssatz versteckt? Oder hat ein Mensch irgendwann in deinem Leben gesagt, dass mit deinem Äußeren etwas nicht stimmt?

Ein Beispiel: Marie, dreißig Jahre alt, steht vor dem Spiegel und mag ihre Beine nicht. Zu dick, und Krampfadern schlängeln sich an den Beinen von unten nach oben. Marie schaut in ihren Rucksack und findet folgende Situation: Sie ist elf Jahre. In der Schule hört sie, wie zwei Freundinnen sich unterhalten und sagen: „Marie hat ganz schön dicke Beine."

Was, glaubst du, wird Marie fühlen?

Nichts! Sie wird es sofort in ihren Rucksack stecken. So tun, als hätte sie nichts gehört. Unbewusst läuft dieser Satz in ihr weiter. Wie ein Tonband: „Ich habe dicke Beine. Ich habe dicke Beine."

Was könnte sie jetzt, mit dreißig Jahren, tun, um ihre Beine zu akzeptieren?
Sie könnte sich die Kleine Marie vorstellen und ihr zuhören, wie sie sich damals gefühlt hat. Sie wird sich vielleicht geschämt, sich minderwertig gefühlt haben. Vielleicht hatte sie Angst, nicht mehr gemocht zu werden? Die Große Marie könnte die Kleine Marie fragen, was sie braucht, und ihr den Satz sagen, den sie so gerne hören möchte:
„So, wie du bist, bist du in Ordnung."
Danach fängt Marie an, ihre Beine zu akzeptieren.

Wir Menschen sind so sehr von unserer Umwelt abhängig, dass wir den anderen Menschen mehr glauben als uns selbst. Ein Satz hat bei Marie ausgelöst, dass sie sich in ihrem Körper nicht wohl fühlte. Ein Satz kann ein Leben verändern.

Auch ins Positive. Fange an, nachdem du den alten Glaubenssatz gefühlt hast, einen neuen zu schaffen.
„So, wie ich bin, bin ich richtig. "
Oder:
„Ich akzeptiere an mir, dass ich ..."
Du kannst gern den neuen Glaubenssatz auf einen Zettel schreiben und in deiner Wohnung aufhängen oder dir einen Memo-Gedanken in dein Handy speichern, der dann stündlich aufpoppt.

Um dir diese Übung zu verdeutlichen, findest du mit diesem QR-Code ein Video auf YouTube.

Welche Idee hast du selbst noch?

Dankbarkeit

Dankbarkeit zeigt dir auf, was du in deinem wunderbaren Leben schon alles besitzt. In unserem Mangel-Bewusstsein vergessen wir häufig, was wir alles im Leben schon geschafft haben, was uns gehört, wie gesund wir sind, was wichtig ist in unserem Leben.
Du hast hier Platz für deine Dankbarkeit. Fange die Sätze immer so an: „Ich bin dankbar für ...“. Du kennst diese Übung aus dem Kapitel über Angst.

Ein Beispiel:
„Ich bin dankbar für mein Leben.“
Gönne dir einen wohligen Atemzug in die Brust und lasse den „Ausatem“ in den Bauch fallen. Fühle die Dankbarkeit.

„Ich bin dankbar für meine Gesundheit.“
Gönne dir einen wohligen Atemzug in die Brust und lasse den „Ausatem“ in den Bauch fallen. Fühle die Dankbarkeit.

„Ich bin dankbar für meine Tochter.“
Gönne dir einen wohligen Atemzug in die Brust und lasse den „Ausatem“ in den Bauch fallen. Fühle die Dankbarkeit.

Schreibe einfach auf, was dir einfällt, ohne zu überlegen. Einfach loslegen. Wenn dir nichts mehr einfällt, schreibe weiter:

„Ich bin dankbar für ...“
Gönne dir einen wohligen Atemzug in die Brust und lasse den „Ausatem“ in den Bauch fallen. Fühle die Dankbarkeit.

„Ich bin dankbar für ...“

Gönne dir einen wohligen Atemzug in die Brust und lasse den „Ausatem“ in den Bauch fallen. Fühle die Dankbarkeit.

Und auf einmal kommt der Impuls, und dir fällt etwas Neues ein, für das du dankbar bist.

"Ich bin dankbar für meine Arbeit.“

Gönne dir einen wohligen Atemzug in die Brust und lasse den „Ausatem“ in den Bauch fallen. Fühle die Dankbarkeit.

Ich wünsche dir viel Freude beim Aufschreiben deines inneren Reichtums.

Los-lassen

In diesem Wort stecken gleich zwei fantastische Wörter: los und lassen.
Na, dann los! Lasse mich folgende schöne Begebenheit erzählen:

2010 war ich zur Kur in Oberstdorf. In dieser Zeit kristallisierte sich heraus, dass einige meiner Gefühle wie Selbsthass, Verzweiflung, Trauer nicht mehr stimmig waren. Mich ungeliebt und wertlos zu fühlen. Dieses Denken: „So, wie ich bin, bin ich nicht richtig. Ich darf keine Gefühle zeigen." Aber auch Hilflosigkeit, Schwere, Unsicherheit, eine schlechte Mutter zu sein – all das passte nicht mehr zu meinem Leben. Innerlich konnte ich regelrecht fühlen, dass diese Gefühle sich verabschieden wollten. Doch war ich schon so weit, mich von ihnen zu verabschieden? Diese liebgewonnenen Gefühle, die mich so lange begleitet hatten? Was war denn, wenn sie weg wären? Käme dann etwas Neues auf mich zu? Vielleicht sogar etwas Gutes? Alles in mir schrie: „Tu' es!"
Ich tat es. In einer Gruppen-Therapie-Stunde stellte der Therapeut einen Pinguin, einen Hund und einen Teppich in den Raum. Wir standen um die Gegenstände herum. Ich wusste nicht, was kommt, sagte jedoch intuitiv, dass ich gerne etwas auflösen und loslassen möchte. Der Therapeut sagte mir, dass ich mich auf den Teppich stellen soll, und sagte: „Willkommen auf dem Teppich des Selbstmitleids!" Ich fühlte mich sofort sauwohl! Endlich konnte ich mich mal so richtig gehen lassen. Mich öffentlich in meinem Leid suhlen. Herrlich! Und all meine so vertrauten Gefühle waren bei mir: Selbsthass, Wertlosigkeit, Trauer, Verzweiflung. Nach einiger Zeit wurde mir klar, dass ich diesen Teppich irgendwann verlassen musste. Ich konnte nicht ewig darauf bleiben. Er fühlte sich nach einiger Zeit auch nicht mehr so behaglich an. Und ich wollte schon heruntergehen. Doch beim ersten Schritt wurde mir total schwindelig. „Bleib stehen", sagte der Therapeut, „du gehst zu schnell. Was brauchst du noch?" Ich stellte mir den Hund mit auf dem Teppich, neben mich. Dieser Hund gab mir symbolisch Sicherheit und Schutz. Der Pinguin symbolisierte meine Kleine Heike. Ich nahm den Pinguin auf den Arm und fing bitterlich an zu weinen. Mein ganzes bisheri-

ges Leben lang hatte diese kleine Maus geglaubt, dass sie schlecht sei. Dass sie ungewollt und ungeliebt sei. Darin fühlte sie sich zu Hause. Und jetzt war ich (die Große Heike) scheinbar so weit, endlich dieses Leid zu verlassen, und es schwindelte mich dermaßen, dass ich nicht von diesem Teppich heruntergehen konnte!
Was war passiert? Ich machte mir etwas vor, wenn ich glaubte, ich könnte dieses Leid mal eben so verlassen. Da fehlten noch einige Schritte dazwischen. Die Würdigung zum Beispiel, diese vertrauten Gefühle – auch wenn sie noch so quälend waren – in den Arm zu nehmen und zu verabschieden. In Liebe.
Also wagte ich mich bis an den Rand des Teppichs vor. Dort konnte ich ohne Schwindel gut stehen. „Step by Step", sagte mein Therapeut, und dann war die Sitzung vorbei.
Doch das Wichtigste habe ich aus der Sitzung mitgenommen: Ich war bereit, diese Gefühle loszulassen! Ich erinnerte mich, dass eine Kollegin in einer Sitzung zu mir sagte: „Heike, du brauchst nur die Bereitschaft, etwas zu verändern. **Mit der Bereitschaft machst du den ersten Schritt. Ohne diese Bereitschaft passiert nichts!**" Und ich hatte sie, die Bereitschaft!
Jetzt brauchte ich nur noch abzuwarten. Ins Vertrauen zu gehen. Geduld zu haben! Warten, Geduld – nicht gerade meine Stärke, es wird jedoch immer besser!

Eines Tages ergab sich die Gelegenheit. Wir sollten in Zweier-Gruppen ein Los-lass-Ritual kreieren.
Ich ging Steine sammeln. Große Steine, kleine Steine, viele Steine. Diese Steine legte ich vor mich hin und beschrieb sie mit den Gefühlen, die ich loslassen wollte. Es waren so viele. Jeden Stein nahm ich liebevoll in die Hand und bedankte mich bei diesem Gefühl, dass es mich so lange begleitet hat. Es war berührend und tränenreich. Es dauerte eine Stunde. Danach nahm ich die Steine und legte sie behutsam in meinen Rucksack, setzte ihn auf und wollte durch Oberstdorf zu einem Fluss gehen und die Steine dort hineinlegen. Beim Aufsetzen des Rucksacks ging ich schon leicht nach hinten. Mein Gott! Was hatte ich da die ganze Zeit herumgeschleppt! Kein Wunder, dass ich Rückenschmerzen hatte. Also machte ich mich auf

den Weg. Ging ganz langsam. In Oberstdorf angekommen, schaute ich hier noch in Geschäfte, trank da noch einen Latte ... Ich hörte mich innerlich sagen: „Hey, Heike, was ist los? Willst du denn nicht die Steine wegbringen?“ Ja, schon – aber ich hatte Angst. Was, wenn diese Gefühle weg sind? Was passierte denn dann? Doch da war eine Stimme in mir, die mir sagte: „Vertrau’ mir, alles wird gut.“ Kannst du dir das vorstellen? Da laufe ich mit einem Rucksack, der wirklich schwer ist, durch Oberstdorf und stehe bildlich noch immer auf dem Teppich mit Namen Selbstmitleid. Und ich liebte mein Selbstmitleid!
Ich wollte jedoch auch nicht wieder mit den Steinen in der Kurklinik auflaufen. Also ging ich zum Fluss und legte die Steine hinein. Und je mehr Steine ich diesem Fluss übergab, desto mehr Freude machte sich in mir breit. Glücksgefühle waren in mir zu fühlen. Wärme im Bauch. Es war berauschend! Und vor diesen tollen Gefühlen hatte ich Angst? Schon verrückt! Ich ging erleichtert zur Klinik zurück und fing an, neue Gefühle auf kleine Kärtchen zu schreiben:

Ich bin wertvoll.
Ich liebe mich.
Ich achte mich.
Ich bin richtig so, wie ich bin.
Ich darf Gefühle zeigen.
Ich nehme meine Bedürfnisse wahr und spreche sie aus.
Ich darf Angst haben.
Ich darf Fehler machen.
Ich bin erfolgreich.
Ich bin liebenswert.
Ich bin offen.
Ich mache mich glücklich.
Ich bin verantwortlich für mein Leben.
Ich darf sein mit all meinen Gefühlen.
Ich bin Frau/Mutter/Freundin.
Ich nehme mein verletztes Kind wahr und zu mir.
Ich bin willkommen.
Ich setze Grenzen.

Ich darf meine Verletzbarkeit zeigen.
Ich bin mutig.
Ich bin leidenschaftlich.
Ich bin Freude.
Ich bin mir und anderen nahe.
Ich darf Heilung annehmen.
Ich bin in Sicherheit.
Ich fühle mich leicht.
Ich nehme mich wichtig.
Ich bin zärtlich.
Ich bin Kraft.
Ich bin ehrlich zu mir und anderen.
Ich darf bedürftig sein.
Ich lasse los.
Ich darf Reichtum empfangen.
Ich vertraue meinen Gefühlen und Fähigkeiten.

Reich! Ich fühlte mich unendlich reich! Eine reiche Gefühlswelt setzte sich in mich.

Das war 2010. Ich habe die Kärtchen mit nach Hause genommen. Sie haben einen Platz in einer Schale gefunden. Einmal in der Woche gehe ich zu dieser Schale, ziehe ein Kärtchen heraus und freue mich über diesen Reichtum.

Von vielen Menschen hören wir: „Ach, du musst nur loslassen. Dann klappt das auch." Du musst deine Arbeit loslassen. Dein Kind loslassen, das du zwanzig Jahre lang betüdelt und umsorgt hast. Alte Strukturen loslassen – und so weiter. Die Liste ist endlos.

Was macht das Loslassen so schwierig? Es hat einen Sinn, an alten Mustern festzuhalten, scheint es auch noch so verrückt. Alle unsere Muster und Strategien haben einen Sinn. Sie sind sogenannte Überlebens-Strategien. Und jeder Mensch hat seine eigenen.

Ein Beispiel: Wir alle wollen geliebt werden. Viele von uns haben jedoch panische Angst davor, geliebt zu werden. Paradox, oder? Wenn uns dann ein Mensch sehr nahekommt, versuchen wir, auf Abstand zu gehen. Wir wollen uns in Sicherheit wiegen. Die Strategie kann sein, einen Streit heraufzubeschwören, Dates zu vereinbaren, zu putzen, sich hinter unseren Kindern zu verstecken – was auch immer. Wir brauchen diese Strategien so lange, bis wir sie uns bewusst gemacht haben. Herausgefunden haben, warum wir so handeln. Dieses dann fühlen, um für uns eine neue Entscheidung zu treffen. Bevor sie schließlich losgelassen werden, würdige diese liebgewonnenen Gefühle. Denn auch wenn sie noch so quälend waren, hatten sie einen Sinn. Nimm sie liebevoll in den Arm, um sie zu verabschieden. In Liebe. Söhne dich mit ihnen aus.

Es erfordert Mut, sich mit sich auseinanderzusetzen. Sei mutig! Es lohnt sich. Ich bin in meinem bisherigen Leben – bildlich gesehen – schon so oft gesprungen. Ich habe es nie bereut. Bereut habe ich nur, nicht eher gesprungen zu sein.

Hast du auch ein liebgewonnenes Muster, das du gerne loslassen möchtest?
Wie könnte dein Ritual aussehen?
Nimm dir einige Minuten Zeit und schreibe deine Gefühle und Muster auf, die du loslassen möchtest.

Ich möchte ________________________________ loslassen.

Ich möchte ________________________________ loslassen.

Ich möchte ________________________________ loslassen.

Ich möchte ________________________________ loslassen.

Ich möchte ________________________________ loslassen.

Ich möchte ________________________________ loslassen.

Ich möchte ________________________________ loslassen.

Auf den nächsten Seiten findest du Rituale, die dich dabei unterstützen, los-zu-lassen.

Übung: Ich bin bereit, los-zu-lassen

Dies ist der erste Schritt! Die Bereitschaft zur Veränderung!
Du kannst diese Übung mit einem Partner/einer Partnerin oder allein machen.

Denke daran: Du bist nicht die Wut, die Trauer, die Angst, der Hass, die Scham, die Schuld. Das sind Gefühle von dir.
Denke daran: Da sind auch Liebe, Lust, Lebensfreude, Sicherheit.

Partnerübung:
Stellt euch in einem Abstand von etwa zwei Metern gegenüber. Sprich laut aus, was du loslassen möchtest.

Ein Beispiel:
„Ich bin bereit, die Schwere in meinem Leben loszulassen."

Der Partner fragt: „Bist du zu 100 Prozent bereit, die Schwere loszulassen?"

Du antwortest zum Beispiel: "Es sind noch keine 100 Prozent. Jedoch kommt die Zahl 80 Prozent in meinen Kopf."

Partner: „Was sind die restlichen 20 Prozent?"

Du: „Angst. Ich weiß nicht, was dann auf mich zukommt."

Partner: „Was brauchst du, um 100 Prozent zu erreichen?"

Du: „Ich brauche Halt."

Partner: „Wer soll dir diesen Halt geben?"

Du: „Meine Eltern."

Partner: „Gut. Stelle dir vor, dass deine Eltern hinter dir stehen."

Du: „Meine Eltern stehen in meiner Vorstellung jetzt hinter mir."

Partner: „Gut. Dann atme diesen Halt ein. Lass dieses Gefühl von Gehaltensein in jede Zelle deines Körpers fließen. Gib mir kurz ein Handzeichen, wenn du fertig bist. Nimm dir Zeit."

Du: „O.k."

Dein Handzeichen kommt nach einiger Zeit.

Partner: „Bist du zu 100 Prozent bereit?"

Du: „ Ja!"
Partner: „Dann gehe einen Schritt für die Leichtigkeit in deinem Leben nach vorne."

Du gehst einen Schritt nach vorne.

Fühle in dich hinein. Fühlt sich die Bereitschaft gut an? Falls nicht: Wiederhole die Übung bitte. Bleibe stehen, wo du stehst, und dein Partner fängt wieder an mit der Frage: „Bist du zu 100 Prozent bereit, die Schwere in deinem Leben loszulassen?"

Übung allein durchführen
Stelle dir einen Stuhl oder einen anderen Gegenstand gegenüber, der deinen Partner ersetzen kann. Gehe Schritt für Schritt wie oben beschrieben vor und übernimm beide Rollen.

Rituale

Du hast die 100-prozentige Bereitschaft erreicht, etwas loszulassen. Herzlichen Glückwunsch!
Falls du noch nicht zu 100 Prozent bereit bist, etwas loszulassen: Ich danke dir, dass du dieses Buch weiterliest. Herzlichen Glückwunsch!

Denke noch einmal daran: Unser Kopf denkt in Bildern und behält immer das letzte Bild einer Situation im Kopf. Das neue Bild setzt sich auf das alte Bild.

Verbrennen
Nachdem du dich mit deinen Gefühlen ausgesöhnt hast, kannst du das Aufgeschriebene in einem Feuer verbrennen. Du kannst einen Grill, einen alten Topf oder einen Kamin nehmen.
Falls das Aufgeschriebene mit Widerwillen verbrennt (es kokelt lange vor sich hin, brennt nur zur Hälfte ab), schaue bitte noch einmal, ob du es wirklich von Herzen loslassen willst. Alles passiert so, wie du es möchtest.

Zu Grabe tragen
Wenn ich Klärungsbedarf mit meinem Vater habe, der 1997 verstorben ist, schreibe ich ihm auf, was ich mit ihm zu klären habe. Dann fahre ich auf den Friedhof und besuche ihn. Es ist für mich am Grab immer tränenreich. Manchmal werfe ich ihm böse Sachen an den Kopf, manchmal bin ich traurig, manchmal freue ich mich einfach, bei ihm zu sein. In Liebe vergrabe ich meinen Zettel, auf den ich geschrieben habe, was ich loslassen möchte. Und wenn meine Mutter kommt und das Grab neu mit Blumen bepflanzt, weiß sie gleich, dass ich wieder dagewesen bin. ☺
Du kannst deine Los-lass-Gefühle auch im Wald verbuddeln. Es muss nicht der Friedhof sein.

In den Fluss geben
Du kannst aus dem Los-lass-Gefühl-Zettel ein kleines Boot bauen und es dem Fluss, einem Bach, einem See übergeben. Lasse es davonfließen.

Hinausschreien

Der Wald oder ein Feld sind dafür prädestiniert. Schreie, was das Zeug hält. Falls du dich fragst: „Was sollen denn die Leute denken?", mache dir bewusst: Die Leute denken so oder so. Vielleicht denken sie: „Oh, Gott, was ist denn da los?" Oder aber auch: „Mann, die/der traut sich was! So mutig möchte ich auch sein."
Falls du lieber in ein Kissen schreien möchtest, kannst du auch das tun.

Gefühle aufschreiben

Kaufe dir ein schönes Buch, in das du die Gedanken schreibst, die deinen Körper verlassen sollen. Du kannst auch eine schöne Kiste basteln oder einen Schuhkarton nehmen und die aufgeschriebenen Gefühle dort hineinlegen.
Diese Übung wähle ich gern bei Kindern, mit den Worten: „Wenn ihr die Los-lass-Gefühle aufschreibt, sind sie aus eurem Körper heraus."

Dinge an Gott abgeben

Ich gehe meine imaginäre Strickleiter wieder hoch zu Gott. Bei ihm angekommen, setze ich mich auf seinen Schoß, kuschele mit ihm und bringe ihm meine Geschenke:
„Gott, ich habe lange darüber nachgedacht, ob ich dir all mein Gerümpel geben kann. Ich hatte Angst, dass du das alles nicht tragen kannst."
Gott lacht. Er schüttelt sich geradezu in meiner Vorstellung. Liebevoll schaut er mich an: „Heike, ich bin Gott. Ich habe alles erschaffen und ertrage alles, was die Menschen sich antun. Jeden Tag schaue ich zu, wie die Menschen voller Hass und Missgunst sind. Ich freue mich, dass du mir dein Gerümpel gebracht hast. Hast du vergessen, was ich dir mit auf den Lebensweg gegeben habe? Sei! Sei glücklich! Genieße das Leben!"
Und ich kuschele mich noch mehr in ihn hinein. Fühle mich geborgen und geliebt.
Wenn ich das jetzt so aufschreibe, muss ich eine Pause machen, kuscheln gehen ...

Aus dem Körper herausbringen
Du kannst dir vorstellen, dass die Los-lass-Gefühle aus deinem Körper **herausfließen**. Aus den Händen, aus den Armen, aus der Vulva. Alles ist möglich.
Wenn alles herausgeflossen ist, kannst du dich mit Licht oder einer Lieblingsfarbe auffüllen und dich genießen.

Du kannst Gefühle aus dem Körper schütteln, von dir abschütteln. CDs von Osho (Kundalini) oder von Veeresch begleiten dich mit Musik dabei. Unterstütze dich, indem du viel atmest.
Du stehst dabei auf einer Stelle und fängst an, dich zu schütteln. Der Kopf hängt dabei. Alles ist ganz locker. Lasse deinen Körper das tun, was er tun möchte. Viel schütteln, wenig schütteln. Alles ist richtig. Du darfst dir dabei komisch vorkommen und schüttelst dich weiter. Schüttel deine Los-lass-Gefühle ab.

Die Kundalini-CD ist in vier Teile aufgeteilt und dauert eine Stunde: 15 Minuten schütteln, 15 Minuten tanzen, 15 Minuten im Sitzen oder Liegen Klängen lauschen und 15 Minuten Stille genießen.

Lagerfeuer
Du stellst dir ein Lagerfeuer vor. Um das Lagerfeuer sitzen deine Los-lass-Gefühle. Du hörst dir an, was diese zu sagen haben. Raucht eine Friedenspfeife zusammen. Lasse sie dann gehen. Schau, was sich in deiner Vorstellung einstellt.
Du kannst dieses Lagerfeuer auch mit Personen machen, denen du gerne vergeben willst. Mit denen du etwas klären willst. Anhören, würdigen, loslassen.

Du kannst **Gefühle in einen Luftballon pusten.** Du kannst **den Hausmüll bewusst** entsorgen, indem du dir vorstellst, dass du die Los-lass-Gefühle entsorgst. Du kannst dir beim **Einschäumen in der Dusche** vorstellen, dass die Seife die Los-lass-Gefühle umspült und das **Wasser** diese durch den Abfluss fließen lässt. Du kannst an eine Person **einen Brief schreiben, ohne** ihn abzuschicken. Du kannst dich auf einen Berg stellen, ein **Flugzeug aus Papier** basteln und es

dem Himmel geben. Du kannst **alte Schuhe** wegschmeißen mit dem Gedanken „Diese Schuhe passen mir nicht mehr!" und dir schöne, neue kaufen. Du kannst am Meer stehen und Steine sammeln. Betitel die Steine und werfe diese ins Meer: „Liebe Mutlosigkeit, ich danke dir, das du da warst, doch jetzt lasse ich dich los." Und dann ab damit ins Meer!
Es gibt noch unzählige Rituale, die du durchführen kannst. Schreibe mir gern, wenn du ein wirksames Ritual für dich gefunden info@heikefischer.org

Selbstfürsorge
Kein Mensch geht mit dir so hart ins Gericht wie du selbst. Die Innere Kritikerin, der Antreiber, die Perfektionistin, der Richter in dir, sie alle leisten gute Arbeit.

Würdest du so hart mit deiner besten Freundin oder deinem besten Freund umspringen? Würdest du deine beste Freundin oder deinen besten Freund so herunterputzen, wie du es manchmal mit dir selbst tust? Du würdest es nicht. Eine gute Freundin würde dir sagen: „Meine Liebe/mein Lieber, jetzt reicht es. Wenn du weiterhin mit mir befreundet sein willst, möchte ich respektvoll von dir behandelt werden!"
Folgende Zeilen möchte ich dir schenken:

Weil ich der einzige Mensch bin,
der eine lebenslange
Beziehung mit mir selbst hat,
entscheide ich mich:
MICH SO ZU LIEBEN, WIE ICH BIN!
Mir stets zuzugestehen,
dass ich so, wie ich bin,
genau richtig bin.
Mich zu lieben, zu ehren
und für mich zu sorgen.
Mein bester Freund,
meine beste Freundin zu sein.
Der Mensch zu sein, mit dem ich
den Rest meines Lebens
verbringen möchte.
Stets für mich zu sorgen,
damit ich für andere sorgen kann.
Meine Liebe und mein Leben ständig
weiterzuentwickeln und zu teilen.

Aus: Lebe ohne Sorge von John-Roger McWilliams und Peter McWilliams

Hier nun einige Idee, wie du liebevoll mit dir umgehen kannst, wie du gut für dich sorgen kannst:

- Schäume dich bewusst und liebevoll unter der Dusche ein.
- Berühre dich liebevoll. Creme deinen Körper mit duftenden Ölen oder Cremes ein.
- Bereite dir das Essen liebevoll zu und decke für dich den Tisch liebevoll.
- Gönne dir Zeit mit dir selbst; schenke dir Aufmerksamkeit
- Genieße reuelos ein Eis.
- Lobe deine Lieben und ArbeitskollegInnen.
- Gehe tanzen.
- Erzähle dir einen Witz. Lache über dich selbst.

Was fällt dir noch ein? Mache dir eine Liste. Lege diese Liste sichtbar an einen Ort, an dem du immer und immer wieder vorbeigehst, damit deine Augen die Liste sehen. Schreibe Anmerkungen, Anregungen, positive Affirmationen auf kleine Zettel und verteile diese in deiner Wohnung.
Gebe der Macht der Gewohnheit keine Chance.

Das Ende dieses Buches naht.
Dein Ziel war:

____

Hast du dein Ziel mit diesem Buch erreicht?
Wenn nicht: Wie viel Prozent hast du erreicht?

Was hast du über dich erfahren?

Last but not least

Nachdem mein Buch geschrieben ist, steige ich in meinen Bus ein. Stille ist zu vernehmen. Sie fangen an zu applaudieren. Mir kommen vor Rührung die Tränen. Liebe LeserInnen, ich muss noch einmal Pause machen und ein wenig weinen ...

Die Kleine Heike klettert auf meinen Schoß und streichelt mein Gesicht, die anderen umringen mich, sind ganz still – unfassbar schön. Mein Herz ist so erleichtert, dass es sprechen konnte!

... und jetzt bist du dran.

Nachdem du das Buch gelesen und mit den Übungen gearbeitet hast, freue ich mich über Mitteilungen von dir. Schreibe mir, wie du mit den Übungen zurechtgekommen bist, was sich bei dir verändert hat, was sich noch verändern darf. Teile dich mir mit:

info@heikefischer.org

oder besuche mit auf Facebook.

Falls du Unterstützung bei den Übungen benötigst, kannst du gern ein Zoom-Einzel-Coaching buchen.

Du kannst dir auch über diesen QR-Code ein kostenloses Erstgespräch buchen.

Falls Du die Übungen lieber in einer Gruppe, in einer Atmosphäre von „Hier darf ich so sein, wie ich bin, und fühle mich sicher und beschützt“ ausführen willst, besuche meine Seminare. Du bist herzlich willkommen.

Falls du einmal einen Tag unter Frauen verbringen möchtest an dem du relaxen, dich bewusst wahrnehmen willst, gegenseitige Massagen genießen möchtest, komm gern zu meinen Wohlfühltagen für Frauen mit dem Titel „Meine Zeit ist jetzt!“

Falls du gerne Yoga praktizieren willst: mit Zoom ist **Alles möglich**. Auf meiner Homepage findest du die Kurstermine. Melde dich gerne zum kostenlosen Schnuppern per E-Mail. Ich schicke dir dann den Link zu.
In Gedanken bin ich bei dir!

Deine

Impressum:

heike fischer

Atem- und Entspannungspädagogin
Atem-Coach im palliativen Bereich
Zertifizierte Hatha-Yogalehrerin
Trainerin für multimodale
Stressbewältigung

Nieland 41
48157 Münster
info@heikefischer.org
www.heikefischer.org

Alles ist möglich!

Ein Buch schreiben,
bei einem Schreibwettbewerb mitmachen,
gewinnen.

Heike: „Gott, ich danke dir für dein Vertrauen in mich und für die Wege, die du mir eröffnest. In tiefer Demut. Heike."

Gott: „Heike, ich danke dir für deine Liebe."

Danksagung

Ich möchte Danke sagen:

Meiner Mama (91 Jahre alt, und ich hoffe, dass wir noch viele gemeinsame Jahre haben):
Als ich ihr sagte, dass ich ein Buch schreiben will, meinte sie: „Was du alles machst ... Toll!“
Als ich ihr sagte, dass ich einen Verlag suche, meinte sie: „Meine Bekannte hat in einem Verlag gearbeitet, da frag’ ich nach.“ Die besagte Bekannte, Maria Hinricher, drückte meiner Mama einen Zeitungsartikel in die Hand: „Schreibwettbewerb in Münster“. Dieser landete dann bei mir. Das war meine Chance!
Gesagt, getan, Manuskript eingereicht.

Am 13. Juni 2017 bekam ich einen Anruf von den Westfälischen Nachrichten: „Frau Fischer, Sie können Ihre Mutter und deren Bekannte auf einen Sekt einladen. Sie haben den Wettbewerb gewonnen!“ Wow!
Mama, Frau Hinricher: Mein Herz dankt euch!
Mama, ich danke dir, dass du mir das Leben geschenkt hast. Wo wäre ich nur ohne dich? Ich danke dir für deinen Glauben an mich und deine liebevolle Unterstützung. Du hast dich immer wie eine Löwin für mich eingesetzt. Du bist die beste Mama der Welt! Und zack!, schon bin ich drin, in meinem Herz-Gefühl.

Meiner Lieblingstochter, die ich über alles liebe. Danke, dass du mir die Erlaubnis gegeben hast, einige Begebenheiten aus unserem Leben zu schreiben.

Meiner Schwester: Schwesterherz, mit dir ist das Leben so viel reicher! Ich danke dir für deine Unterstützung. Bei meinen Rückenbeschwerden, bei Herzensangelegenheiten, bei Erziehungsfragen – und dafür, dass ich so sein kann, wie ich bin. Für deine Liebe. Ich fühle mich reich beschenkt. Ohne dich hätte ich dieses Buch nie geschrieben! Mein Herz sagt Danke. Dein Schwesterherz.

Meiner Lieblingsnichte: Du warst die Erste, die dieses Buch gelesen hat, und du warst begeistert! Als ich dir erzählte, dass ich in dem Schreibwettbewerb gewonnen habe, hast du dich so sehr mit mir gefreut und gesagt: „Du hast es so verdient!“ Danke, dass du gesehen hast, mit wie viel Herzblut ich an diesem Buch geschrieben habe.

Meinen Freundinnen:

Astrid: Deine Illustration zu diesem Buch hat mich sofort überzeugt. Wunderbar! Es ist so leicht, mit dir zusammenzuarbeiten. Danke dafür! Deine Korrektur war so klar, so strukturiert. Ich freue mich auf viele gemeinsame Stunden mit Dir. Danke für Deine Freundschaft!
Claudia: Danke für deine jahrelange Freundschaft. Durch Höhen und Tiefen sind wir gegangen. Danke dafür, dass du dieses Buch gelesen hast, obwohl es in einer Zeit war, die dich ziemlich gerüttelt hat.

Elke: Wie schön, dass wir uns über unsere Kinder kennengelernt haben. So viele Jahre her! Viele Partys haben wir gemeinsam gefeiert. Oft haben wir beim Kaffee gesessen, Lebenskarten gezogen und uns gegenseitig etwas dazu gesagt. Ich danke dir für deine liebevolle Korrektur. Danke, dass du mir das Gefühl vermittelst: „Meine Tür ist für dich immer offen.“
Jutta: Mal sehen wir uns ein ganzes Jahr nicht. Dann kommen Zeiten, da sehen wir uns wöchentlich. Die wöchentlichen Zeiten finde ich herrlich! Ich danke dir für deine Leichtigkeit und emotionale Tiefe. Für deine Klarheit und Direktheit. Danke, dass du mich an deinem bewegten Leben teilhaben lässt.

Sabine: Danke, dass du mich ermutigt hast, weiterzugehen. Mit diesem Buch und mit manch anderen Dingen. Wir haben uns in vielen Situationen tief ins Herz geschaut. Miteinander geweint, miteinander gelacht. Danke für dein Mit-Gefühl.

Sebastian, danke für die vielen liebevollen Stunden der Klausur. Für deine Geduld. Für das wunderbare Zeichnen der Skizzen. Danke, dass du mich immer wieder ermutigt hast, weiterzuschreiben, und mir dafür Zeit eingeräumt hast.

Danke, dass ihr **alle** dieses Buch gelesen habt, obwohl ihr viel zu tun hattet.
Danke für eure Geduld mit mir! Danke für euren Glauben an mich. Tiefes Glück empfinde ich, euch alle an meiner Seite zu haben. Noch mehr Glück, dass ihr alle auf diesem Weg des Suchens, des Findens, der Bereitschaft, Dinge zu verändern, diesem Weg des Herzens geht. Das macht mein Zusammensein mit euch so leicht.

Meiner Lektorin **Birgit Spohr**: Mit meinem Lektorat war ich bei Ihnen mit Ihren Erfahrungen als Psychologische Psychotherapeutin, Supervisorin, Dozentin und Autorin gut aufgehoben.
Ganz besonderen Dank dafür, dass Sie mich so liebevoll an die Hand genommen haben. Meine Kritikerin hätte gern mehr aufgetrumpft. Sie war handzahm, dank Ihrer einfühlsamen, konstruktiven Art und Weise. Danke für Ihre Ermutigung, mir die Prozesse noch einmal genauer anzuschauen oder sie noch eine Schicht tiefer zu durchfühlen.

Heike Heijnk: Danke! Danke für Ihren Einsatz. Ich suchte ein Korrektorat, und Sie waren bereit, dies zu übernehmen, obwohl die Zeit sehr knapp war. Ich hoffe, Sie konnten den versäumten Schlaf nachholen. Ohne Sie wäre dieses Buch nicht zum Abgabetermin fertig geworden!

Printed in Poland
by Amazon Fulfillment
Poland Sp. z o.o., Wrocław

82356760R10101